신앙을 위한 교육

●

홍정근 지음

신앙을 위한 교육

초판 1쇄 발행 2012년 4월 9일
초판 2쇄 발행 2015년 2월 2일

●
지은이 / 홍정근
편집 / 노서현 안은지
디자인 / 트리니티
인쇄 / 예림인쇄

●
발행인 / 정영택
펴낸곳 / 도서출판 에듀민
출판등록 / 2003. 10. 24 제300-2003-195호
주소 / 서울특별시 종로구 연지동 136-46, 한국기독교회관 1013호
편집부 / 02-742-1895
마케팅 / 02-742-1894
이메일 / eduminch@hanmail.net

●
ISBN 978-89-97550-00-5-03200

●
값은 뒤표지에 있습니다.

신앙을 위한 교육

인사의 글 ||||||||||||||||||||||||||||||||||||||||||||||||||||||||||||||||||

여기까지 달려오게 하신 하나님께 먼저 감사의 고백을 드립니다. 비록 아직은 설익은 밥같이 미숙한 생각들이지만 정리해 내어놓을 수 있는 용기를 주셨습니다. 무엇보다 교회를 섬기는 중에도 꾸준히 학교에서 기독교교육학 관련 강의를 할 수 있는 기회를 주셨습니다. 신학대학에서 이런저런 이름의 과목으로 강의한 지 벌써 20년 가까운 시간이 흘렀습니다.

이 책에 소개된 생각들은 교회에서 설교하면서, 학교에서 강의하면서, 그리고 교회교육 현장에서 수고하고 있는 교사들을 만나 강의하면서 얻은 것들입니다. 가끔 강의 내용이 담겨 있는 책이 없느냐는 질문을 들을 때마다 언젠가는 정리해서 내어놓아야지 하던 것을 이제야 하나의 매듭으로 짓게 되었습니다.

기독교교육학은 실천신학에 속합니다. 그래서 저는 항상 현장에서 교육에 대한 답을 찾으려고 노력했습니다. 이론에서 현장으로 가는 것이 아니라 현장에서 이론으로 가야 한다고 생각하기 때문입니다. 그러나 이것은 '텍스트(Text)에서 컨텍스트(Context)'로 또는 '컨텍스트에서 텍스트로'라는 접근방법에 대한 해묵은 구분을 하려는 게 아닙니다. 사실 텍스트와 컨텍스트는 늘 서로 영향을 주고받으며 상호작용을 해왔습니다.

저는 "현장에 대한 답은 현장에 있다"라는 순진한 소신을 갖고 있습니다. 현장에 관심이 많았고 현장을 사랑했기 때문입니다. 지금도 "나는 교회현장을 섬기는 목회자다"라는 정체성을 잃지 않으려고 애쓰고 있습니다. 그래서 항상 목회우선이라는 원칙을 가지고 활동해왔습니다.

목회를 하면서 저는 늘 신앙현상에 대해 많은 생각을 해왔습니다. 믿음이 좋다는 건 어떤 것인가? 교회생활에서 볼 때, 믿음이 좋은데 왜 생활이 변하지 않을까? 열심이 있는데 왜 그 열심이 교회를 힘들게 할까? 은혜를 받는데 왜 변하지 않을까? 이런 생각을 하던 중에 기독교교육 교수방법에 대한 강의를 하게 되어 자료를 찾다가 의외로 교육방법이나 교수방법과 관련된 책이 별로 없다는 사실을 알게 되었습니다. 그리고 전부터 가졌던 신앙현상에 대한 고민과 교육방법을 연결지어 정리해보자는 생각을 하게 되었습니다.

생각은 자연스럽게 "어떻게 신앙을 교육할 것인가?" "교육이란 무엇인가?" "기독교교육은 무엇인가?" 하는 물음들로 확장되었습니다. 또한 목회를 하면서 교육과 영성과 상담이라는 것이 현장에서는 결코 분리될 수 없다는 것을 피부로 느꼈습니다. 그래서 "어떻게 하면 이 3가지를 통합할 수 있을까"라는 생각을 해왔습니다. 이런 고민은 실천적인 고민이요, 현장 중심의 고민입니다.

따라서 이 책의 내용은 학문적 연구의 결과라기보다는 현장의 경험과 실천적 사색의 결과물이라 할 수 있습니다. 아직은 미숙하고 덜 다듬어진 생각들을 내어놓지만, 이 용기가 기독교교육 특히 신앙교육의 발전에 기폭제가 되기를 바라는 마음입니다.

여기에 오기까지 저를 가르쳐준 많은 선생님이 계십니다. 쑥스러운 마음에 일일이 밝히지는 못하지만 진심으로 감사의 뜻을 전하고 싶습니다.

제게는 소중한 목회경험의 현장이 되었던 연동교회의 경험을 잊을 수 없습니다. 그리고 이성희 목사님의 배려에 감사를 드립니다. 또한 곁에서 항상 격려와 가르침을 주신 자랑스러운 선배 목사님들, 그리고 가까이서 함께 고민을 나누었던 후배 목사님들께도 고마움을 전합니다.

이 책의 출판을 위해 기꺼이 후원해주신 경주제일교회 정영택 목사님께 깊이 감사드립니다. 강남연동교회에서의 6년이 넘는 설교사역은 제게 귀한 영감을 주었습니다. 책에 담긴 많은 생각이 설교를 통해 발생되었고 발전되었고 다듬어졌습니다. 특히 새벽기도회 설교는 제게 영감의 보고와 같았습니다. 때로는 부담스러운 설교를 은혜로 받아주신 강남연동교회 교우들에게 마음 깊은 감사를 드립니다.

목회하느라 강의하느라 늘 피곤해하는 남편을 말없이 섬겨준 아내 김은주, 믿음직하고 든든한 아들 예인, 그리고 언제나 참신한 아이디어로 놀라게 해 기대가 되는 예쁜 딸 예은이에게도 고마운 마음을 전합니다. 돌아보면 모든 것이 은혜입니다. 주님의 은혜가 아니었으면 여기까지 올 수 없었고, 이만큼 할 수 없었습니다.

주님, 감사합니다.

2012년 4월
개포골방에서 **홍정근** 목사

차례

어떤 철학자가 교도소에 갇히게 되었다. 그는 교도소에서 아주 유명한 도둑을 만났다. 그리고 그 도둑의 제안으로 같이 탈옥을 하기로 했다. 어두운 그믐밤을 틈타 도둑과 철학자는 기둥을 타고 지붕 위로 올라가 살금살금 기어갔다. 그런데 그만 앞에 가던 도둑이 발을 잘못 디뎌 기왓장이 떨어졌다. 그 소리를 들은 교도관이 달려오며 소리쳤다. "거기 누구야!" 그러자 이 능숙한 도둑은 기지를 발휘해 태연하게 "야옹!" 하고 고양이 소리를 내어 위기를 모면했다.

잠시 후, 이번에는 철학자가 발을 잘못 디뎌 기왓장이 떨어졌다. 교도관이 또 소리쳤다. "거기 누구야!" 머뭇거리던 철학자는 도둑이 위기를 모면했던 것을 생각하며 대답했다. "고양이예요!" 어설픈 철학자 때문에 두 사람은 교도관에게 다시 붙잡히고 말았다.

기독교 윤리학자 헬무트 틸리케(Helmut Thielicke)가 젊었을 때 겪은 일이다. 그는 일자리를 찾던 중 동물원에서 사람을 구한다는 광고를 보고 찾아갔다. 동물원 관장을 만나 자기를 소개하며 써달라고 하자, 관장이 이렇게 말했다. "세계대전으로 많은 동물이 죽고 없어져서 동물원이라고는 하지만 동물이 제대로 없는 상태입니다. 이제 다시 동물원 문을 열어야 해서 대책을 의논한 결과 사람에게 동물 가죽을 덮어씌워 임시로 동물 흉내를 내게 하기로 했습니다. 그래서 가죽을 쓰고 동물 역할을 할 사람을 구하고 있습니다. 그래도 일을 하시겠습니까?" 틸리케는 자기가 하겠다고 했다. 그러자 관장은 말했다. "좋습니다. 당신은 몸집이 크니까 곰 역할을 맡아주시오." 이렇게 해서 틸리케는 동물원의 곰 흉내를 내는 아르바이트를 시작했다.

며칠 후, 초등학교에서 선생님이 아이들을 데리고 동물원을 방문했다. 곰 우리 앞에 도착한 선생님은 아이들에게 곰에 관해 설명했다. "곰은 미련한 동물이야. 그런데 이 곰도 잘하는 것이 있는데, 곰은 춤을 잘 춘단다." 이를 듣고 있던 틸리케는 아이들을 즐겁게 해주기 위해 몸을 흔들며 춤을 추었다. 아이들이 너무 좋아하자, 신이 난 틸리케는 나무 위로 올라가 곰 흉내를 내며 춤을 추었다. 그러다가 그만 발을 헛디뎌 나무에서 떨어지고 말았다. 그것도 하필이면 자기 우리가 아니라 옆의 호랑이 우리에 떨어졌다.

곰이 떨어지는 것을 본 호랑이가 다가왔다. 곰의 탈을 쓰고 있던 틸리케는 자기에게 다가오는 호랑이를 보며 벌벌 떨었다. 호랑이가 다가왔다. 공포에 질린 틸리케는 눈을 감고 고개를 숙였다.

그 순간, 호랑이가 속삭였다. "야, 떨 것 없어. 나도 사람이야!"

신앙의 바른 생활을 위해서는 교육이 필요하다

복음은 아름답다. 예수 그리스도의 복음, 십자가의 복음은 눈부실 정도로 아름답다. 예수 그리스도께서 보여주신 복음적 삶은 감동 그 자체다. 그 자체가 우리에게 사랑이요, 은혜요, 기쁜 소식이다. 우리가 가야 할 길이요, 붙들어야 할 진리요, 우리에게 남은 유일한 소망이다. 복음을 믿고 따르는 신앙은 아름답다. 예수 그리스도를 닮아가는 신앙은 감동적이다. 밝고 따뜻하고 멋지다. 그런데 복음을 믿는 사람들이 보여주는 모습은 그렇지 못하다.

진정으로 예수 그리스도를 따르는 신앙인을 만나는 일은 점점 어려워지고 있다. "교인이에요" 하는 사람은 많은데, 멋진 믿음을 보여주고 믿음의 향기를 내는 사람이 점차 줄어들고 있다. 주일이면 성경을 들고 교회를 찾아가는, 교회를 위해 열심히 봉사하는 사람은 많은데 일상 속에서 믿음의 향기를 풍기는 사람은 찾기가 쉽지 않다. 믿는 사람이란 겉사람은 후패하지만 속사람은 날로 새로워지는 사람이다(고후 4:16). 그런데 겉사람은 믿는 사람인데 속사람은 예수 그리스도를 닮지 않은 것이다. 분명 믿는 사람의 탈은 썼는데…. 아직은 갈 길이 멀게만 느껴진다. 이대로 탈만 쓰고 다 된 줄로 착각하다 끝나지는 않을까 하는 노파심도 지울 수 없다. 복음이 지닌 눈부신 아름다움을 보여주지도 못한 채, 신앙이 가진 감동적인 삶을 보여주지도 못한 채 본질을 잃어버리지는 말아야 할텐데 하는 조바심을 떨쳐낼 수가 없다.

그러므로 지금은 다시 복음의 부흥, 신앙의 부흥이 필요한 때다. 이것이 우리가 이 책을 읽는 이유이고, 우리가 드려야 할 기도다.

성도는 믿음의 사람이다. 교회는 성도가 모인 신앙 공동체다. 즉 신앙의 터 위에 세워진 공동체다. 신앙이 없는 교회는 교회가 아니다. 교회는 믿음이 있는 사람들이 모인 공동체다. 신앙은 믿음이다. 믿음이 없는 사람들은 아무리 많이 모여도 교회가 아니다. 믿음이 있는 사람이 모여야 교회가 된다. 그런데 문제는 이 '믿음' '신앙'이라는 말처럼 수많은 오해를 불러오는 말도 흔치 않다는 것이다. 믿음은 본래 아름다운 것이다. 믿음은 아름다운 사람을 만들고, 아름다운 교회를 만든다. 믿음은 거룩한 것이다. 믿음은 거룩한 사람을 만들고, 거룩한 교회를 만든다.

믿음은 거룩한 영향력이다. 믿음은 거룩한 영향력을 가진 사람을 만들고 거룩한 영향력을 가진 교회를 만든다. 믿음은 거룩한 영향력으로 세상의 소망이 되고 세상을 살리는 힘이 된다. 그런데 믿음 있는 사람들이 모였는데 믿음 없는 사람들과 다를 바가 없다는 건 보통 문제가 아니다. 교회가 세상 단체나 기관과 다를 바가 없다면 심각한 문제다. 그래서 우리는 항상 무엇이 믿음인지 물어야 한다. 믿음이란 무엇인가? 신앙이란 무엇인가? 믿음이 있다는 것은 어떤 것인가? 믿는다는 것은 무엇인가? 이 물음은 신앙생활을 위해, 또 교육을 위해 꼭 필요한 물음이다.

우리 믿음의 초점은 예수 그리스도다. 예수 그리스도는 삼위일체인 하나님이시다. 그러기에 우리 믿음의 초점은 삼위일체 하나님이다. 우리가 말하는 '믿는다'라는 것은 삼위일체이신 하나님을 믿는 것이다. 믿음의 대상은 하나님이다. 교회도, 성경도, 어떤 현상도 아니다. 우리가 믿는 것은 삼위일체 하나님이다. 더 친근하게는 예수 그리스도다. 우리는 예수 그리스도를 믿는다. 우리는 예수가 그리스도이심을 믿는다. 이것이 우리 믿음의 대상이요, 믿음의 내용이다. 이점은 변할 수 없다. 변해서도 안 되는 일이다.

우리는 믿는다는 것 자체가 무엇인지 물어야 한다. 어떻게 믿는 것이 예수 그리스도를 바로 믿는 것인지, 어떻게 믿는 것이 하나님을 바르게 믿는 것인지 물어야 한다. 하나님께 영광과 기쁨이 되는 믿음생활을 하기 위해서는 꼭 필요한 질문이다. 바른 신앙지도나 교육을 하기 위해서는 어떤 것이 바른 신앙현상인지 물어야 한다. 어떻게 믿는 것이 바른 믿음인지 알아야 신앙을 위한 교육을 할 수 있기 때문이다.

신앙은 주어지는 것이며, 동시에 교육되는 것이다. 신앙은 하나님의 은혜로 선물로 주어진다. 교육으로 신앙을 줄 수는 없다. 하지만 신앙의 바른 생활을 위해서는 교육이 필요하다. 교육을 통해 믿음이 자란다. 교육하지 않으면 신앙이 자라지 않는다. 교회는 신앙을 교육하는 공동체다. 기독교교육은 신앙을 교육하는 신앙교육이다. 정확하게는 신앙을 갖도록 도전하고, 갖게 된 신앙생활을 바르게 하도록 교육하는 것이 신앙교육이다. 바른 것을 바르게 믿고 바르게 살도록 돕는 것이 신앙교육이다. 신앙교육이 제대로 되지 않아서 잘못된 것을 믿거나, 바른 것을 잘못되게 믿는다면 끔찍한 결과가 나온다.

바르게 믿는다는 것은 바르게 사는 것이다. 바른 믿음은 바른 삶을 살게 만드는 원동력이 되기 때문이다. 비록 하루아침에 되는 일은 아니지만 바른 믿음은 점진적으로 바른 삶을 만들어낸다. 바른 삶을 위해서는 바른 교육이 필요하다. 따라서 신앙과 교육은 함께 갈 수밖에 없다. 그러나 똑같은 그리스도인이라고 해도 출발점이 다르고, 사람을 이해하는 관점이나 교육방법을 이해하는 관점을 비롯한 많은 면에서 다른 점을 갖고 있다.

그러므로 신앙을 교육하기 위해 먼저 교육이 무엇인지, 어떻게 하는 것인지 알아보고자 한다. 그리고 교육 중에서도 기독교교육은 무엇이 다른지 알아야 한다. 일반교육을 하는 원리나 방법으로 신앙교육을 할 수는 없다.

같은 교육이지만 일반교육과 기독교교육은 다르다. 기독교교육은 기독교적이어야 한다. 일반교육과 기독교교육이 어떻게 다른지를 서술하는 것은 방대한 작업이다. 여기서는 간략한 표로 정리하여 소개하는 것으로 그 차이를 알아보고자 한다.

	기독교교육	일반교육
출발점	하나님의 관점에서 출발	사람의 관점에서 출발
원리	성경적 영성적 접근	심리적 인성적 접근
기초	은혜의 기초	이성의 기초
인간이해	하나님의 형상과 죄	존엄성과 가능성
목적	하나님 나라의 백성 만들기	건전한 민주시민 양성
내용	성경과 성경적인 삶	시민윤리와 인간의 완성
방법	은혜와 교육적 방법	교육적 방법
평가	신학적 정당성	교육학적 정당성

이 책은 기독교교육은 곧 신앙교육이라는 관점에서 시작한다. 기독교교육은 신앙을 교육하는 교육이다. 신앙을 교육하는 교육이 되기 위해서는 기독교교육이 충분히 기독교적인 교육이 되어야 한다. 이런 점들을 염두에 두면서 먼저 교육에 대해 살펴보고, 이어서 신앙에 관해 살펴보고자 한다.

이 책은 크게 세 부분으로 짜여져 있다. 첫째는 교육에 관한 부분이고, 둘째는 신앙에 관한 부분이며, 셋째는 신앙교육에 관한 부분이다. 특히 신앙에 관한 부분은 신앙을 구성하는 요소가 무엇인지를 다루고 있다.

제1장

교육이란 무엇인가?

소년은 할아버지와 함께 목장에 살고 있었다. 소년은 목장의 말 중 한 종마를 특별히 아꼈다. 할아버지가 급한 일로 목장을 비운 어느 날, 그 종마가 크게 아팠다. 걱정에 휩싸인 소년은 잠도 자지 않고 열을 내리려고 말에게 열심히 찬물을 먹였다. 그러나 소년의 정성이 무색하게 말은 나을 기미가 전혀 보이지 않았다. 할아버지가 돌아왔을 때 말은 심지어 다리까지 절게 되었다.

그동안의 이야기를 들은 할아버지가 소년을 나무랐다. "말이 아플 때 찬물을 먹이는 게 안 좋다는 것을 몰랐단 말이냐?" 소년은 울면서 대답했다. "정말 몰랐어요. 제가 말을 얼마나 사랑하는지 잘 아시잖아요." 잠시 침묵하던 할아버지는 소년의 눈을 응시하며 이렇게 말했다. "애야, 누군가를 사랑한다는 것은 어떻게 사랑하는지 아는 것이란다." 교육도 마찬가지다. 교육을 하려면 먼저 교육을 알아야 한다.

교육을 제대로 하기 위해서는 무엇보다 먼저 '교육'이 무엇인지, 교육에 대한 바른 개념부터 잡아야 한다. 개념이 바로 잡히지 않은 상태에서 바른 교육이 이루어질 수 없다. 교육이라는 것 자체가 개념을 형성하는 과정이다. 학문의 발달은 곧 개념의 발달과 통한다. 개념을 형성하지 못하는 교육은 뭔가 부족하거나 실패한 교육이다. 좋은 교육은 바른 개념을 형성하도록 하는 교육이다. 바른 개념을 갖지 못하면 바른 생각을 할 수 없다. 뿐만 아니라 바른 교육도 할 수 없다.

목회자가 신학과 목회에 대한 공부를 하면서 바른 개념을 형성하지 못하면 바른 목회를 할 수 없다. 결국 개념 없는 교육, 개념 없는 목회에 빠지게 된다. 필자가 학교에서 가르칠 때, 첫 시간에 학생들에게 항상 강조하는 것이 있다. "공부는 개념을 잡는 것"이라는 점이다. 그렇다. 공부는 개념을 형성하는 것이다. 배우는 내용에 대해 정확한 개념을 익혀가는 것이 공부다. 더 나아가 그 개념을 내 것으로 만들어가는 것이 공부다. 여기서 한 걸음 더 나아가 그 개념을 발전시켜가는 것이 공부다.

개념이 형성되지 못하면 좋은 교육을 할 수 없다. 우리는 주변에서 개념은 없고 프로그램만 있는 교육현장을 많이 볼 수 있다. 어떤 프로그램이 좋다는 소문만 나면 너도나도 그 프로그램을 따라한다. 어디에 좋은지, 무엇이 좋은지, 또는 그 프로그램이 하고자 하는 교육에 적합한지는 생각지 않는다. 그냥 좋다고 하니까, 아이들이 좋아하니까 따라하는 것이다. 이처럼 개념 없는 교육, 개념 없는 프로그램들만 난무하는 이유는 교육이 무엇인지에 대한 바른 이해가 부족하기 때문이다.

이 글은 기독교교육을 위한 교육법이나 교수법을 소개할 목적으로 쓴 것이다. 기독교교육을 위한 교육법이나 교수법을 알아보기 위해서는 먼저 교육이 무엇인지 알 필요가 있다.

교육이란 무엇인가? 교육과 관련해서는 많은 용어가 사용되고 있다. 교육, 교화, 훈육, 공부, 교수, 육성, 함양, 지도, 학습, 양육, 훈련, 교정, 수업, 계발 등 모두가 교육과 관련된 용어들이다. 기독교교육의 발전을 위해서는 이 용어들에 대한 분명한 정리가 필요하다. 그러나 일단 이런 교육 관련 용어에 대한 전반적인 정리는 숙제로 남겨 두고, 여기서는 가장 일반적으로 사용되는 '교육(敎育, education)'이라는 용어를 중심으로 교육이란 무엇인지 살펴보고자 한다.

그동안 수많은 학자가 교육에 대해 다양한 정의를 내려왔다. 학자들의 이런 노력은 앞으로도 계속될 것이고, 또 계속되어야 할 일이다. 지금까지 교육에 대해 내려진 정의는 크게 3가지 측면으로 나누어볼 수 있다. 즉, 규범적인 면에서의 정의, 기능적인 면에서의 정의, 그리고 기술적 또는 조작적인 면에서의 정의로 나뉜다.

규범(規範)적인 면에서의 정의는 "교육이라는 것이 궁극적으로 어떤 가치를 지향하느냐"에 초점을 맞춰 정의를 내리는 것이다. 이에 속하는 가장 대표적인 정의가 "교육은 인간화의 과정이다"라는 것이다. 기능(機能)적인 면에서의 정의는 "교육이라는 것이 무엇을 위한 수단인가"에 초점을 맞춘 정의다. 기능적 정의로 대표적인 것은 "교육은 백년지대계다" "교육은 국가 발전의 수단이다"를 들 수 있다. 그리고 기술(記述)적인 면에서의 정의는, 교육이 조작(操作)적 기술이라는 관점에서 정의를 내리는 것이다. 이에 해당되는 대표적인 정의는 "교육은 사람을 변화시키고자 하는 의도적인 활동이다"를 들 수 있다.

그동안 한국교회의 교회교육은 교육의 기능적인 면이 강조된 경향이 있다. 특히 성장주의 신학이 도입된 이후의 교회교육은 성장을 위한 도구적 기능을 강조해왔다는 인상을 지울 수가 없다. 교회학교 교육은 곧 교회학교를 성장시키는 것이라는 생각이 팽배했기 때문이다. 성장에 초점을 둔 교육을 통해 어느 정도 양적 성장을 이룬 것은 사실이지만, 다른 한편으로는 교회교육의 본질적인 측면에서의 성경적 교육, 기독교적 교육을 이루는 데는 많은 손실을 가져왔다. 성장은 이루었지만 성숙한 하나님의 사람을 길러내는 데는 너무나 부족했기 때문이다. 성경적으로나 상식적으로 받아들이기 어려운 행동을 신앙이라는 이름으로 떳떳하게 행하는 교인을 양산하게 된 것은 현재의 교회교육이 반성해야 할 일이다.

이제 교육에 대한, 그리고 교회(기독교)교육에 대한 신학적이고 성경적인 정의를 찾아가야 할 때다. 신학적으로 볼 때, 교육은 하나님의 백성을 길러내는 과정이다. 또한 교육은 하나님의 교회를 든든히 세워가는 과정이자, 성도로 하여금 하나님의 나라와 교회를 위해 헌신하도록 구비시키는 노력이다. 그리고 교육은 한 사람을 하나님의 사람으로 변화시켜가는 과정이다. 이 글에서는 교육을 "사람을 변화시켜가는 과정"이라고 보는 교육에 대한 기술적 관점에 중심을 두고 논의해가고자 한다.

교육은 "사람을 바람직한 방향으로 변화시키기 위한 의도적인 활동"이다. 여기에는 교육을 이해하는 데 중요한 4가지 요소가 들어 있다. 그 4가지 요소란 첫째는 사람, 둘째는 바람직한 방향, 셋째는 변화, 넷째는 의도적인 활동이다.

1. 사람

교육은 '사람'을 대상으로 한다. 짐승이나 식물을 교육한다고 말하지는 않는다. 일반적으로 짐승은 훈련의 대상이다. 개를 훈련시키고, 코끼리를 훈련시키고, 돌고래를 훈련시킨다. 물론 사람을 대상으로 하는 교육에도 훈련의 요소가 들어 있다. 하지만 사람을 대상으로 하는 훈련은 교육의 일환이다. 교육은 사람을 더 나은 상태로 변화시키기 위한 노력이다. 이처럼 교육은 사람이 사람을 대상으로 한다는 점에서 인격적인 속성이 있다.

교육은 인격적이다. 가르치는 자와 배우는 자 사이에 '나와 너

(I-You)'라는 인격적인 관계가 맺어져야 한다. 교사와 학생 사이에 서로 인격적인 만남이 이루어져야 한다. 이런 인격적인 만남이 바탕이 되어야 비로소 교육다운 교육이 이루어진다. 인격적인 관계 없이 단지 지식만 전달하거나 훈련만 시킨다면 그건 교육이 아니다. 사람이 짐승을 훈련하거나 사육하는 것과 다를 게 없다.

마르틴 부버는 인격적이지 않은 관계를 '나와 그것(I-It)'의 관계라고 말했다. 인격적인 만남이 없이는 교육다운 교육이 될 수 없다. 교육은 교사와 학생 사이의 인격적 상호작용을 통해 이루어지는 것이기 때문이다.

2. 바람직한 방향

교육은 '바람직한 방향'을 지향한다. 바람직한 방향이란 긍정적인 방향을 가리킨다. 변화라고 해서 모든 변화가 바람직한 것은 아니다. 음식이 긍정적인 방향으로 변하는 것을 발효라고 한다. 반면 음식이 부정적인 방향으로 변하는 것은 부패라고 한다. 발효는 바람직한 변화지만 부패는 바람직하지 못한 변화, 부정적인 변화다.

그래서 교육은 바람직한 방향으로의 변화를 추구하며 성장, 발달, 발전, 교화, 교정, 진보 등과 관계가 있다. 도둑질하는 법, 다른 사람을 속이는 법을 가르치는 것은 교육이라고 하지 않는다. 그건 오히려 사람을 타락시키는 것이요, 퇴화시키는 것이다.

　교육이 지향하는 바람직한 방향은 교육의 목적과 직결된다. 바람직한 방향이란 바라는 목적이요, 목표이기 때문이다. 바라는 목표가 없는 교육은 없다. 목표가 없는 교육은 교육이 아니며, 그 목표가 바람직한 목표가 아니라면 그것도 교육이라 할 수 없다. 교육은 모름지기 바람직한 목표가 있어야 한다. 그래서 교육은 목표지향적인 활동이다. 우리는 바람직한 방향을 교육목적이나 교육목표에 담아서 제시한다. 어떤 목적으로 어떤 목표를 세우냐에 따라 교육의 방향이 달라지게 된다. 교육하는 내용과 교육하는 방법도 달라진다.

　따라서 좋은 교육을 하기 위해서는 무엇보다 먼저 좋은 목적(목표)을 세워야 하고, 바른 교육을 위해서도 먼저 바른 목적(목표)을 세워야 한다. 그리고 교육하는 내용이나 방법이 그 목적에 부합해야 한다.

3. 변화

교육은 '변화'시키기 위한 활동이다. 핵심은 변화라는 표현이다. 교육은 변화다. 그리고 변화시키기 위한 활동이다. 이것이 교육의 본질이다. 변화를 위해 가르치고 배운다. 기독교교육이나 교회교육 역시 교육이라는 점에서 마찬가지다. 기독교교육은 변화를 지향한다. 교회교육은 성도 한 사람 한 사람을 바람직한 방향으로 변화시키기 위한 활동이다. 변화를 위해 교육한다. 예배를 드리고, 성경공부를 하고, 심방을 하고, 이름을 불러가면서 기도하는 것은 성도 한 사람 한 사람, 학생 한 사람 한 사람이 변화되기를 바라기 때문이다.

교회교육이 살아나기 위해서는 교육에 참여하는 모든 지도자가 먼저 교육은 변화시키는 것이라는 분명한 개념을 갖고 있어야 한다. "어떻게 하면 변화를 시킬 수 있을까?" "어떻게 하면 변화가 일어날까?" 바로 여기에 관심이 모아져야 한다. 특히 기독교교육의 관점에서 볼 때, 사람을 변화시킨다는 것은 참 어려운 일이다. 신학적으로 생각해봐도 사람이 사람을 변화시킨다는 것은 불가능하다. 이는 우리가 교육현장이나 목회현장에서 늘 경험하는 것이다.

가만히 생각해보면 그렇다. "성도들이 그렇게 은혜를 받고 안 변하는 것도 기적이다!" 하는 생각이 절로 난다. 변화시킨다는 것이 그만큼 어렵기 때문이다. 사람의 수고와 노력으로 약간의 개선은 가능하다. 하지만 그 사람의 삶을 변화시킨다는 것은 쉬운 일이 아니다. 더더욱 그 사람의 본질을 변화시킨다는 것은 사람의 힘으로는 불가능하다. 우리는 이 점을 분명히 인식하고 인정해야 한다. 변화는 어렵다. 그러나 그럼에도 불구하고 우리가 포기할 수 없는 교육의 본질이다. 교육은 사람을 변화시키는 것이다.

1) 변화와 성장

일반 학교교육이 비판받는 것은 교육이 학생을 사람다운 사람으로 변화시키는 기능을 담당하기보다는 출세를 위한 수단, 성공을 위한 도구로 전락해버렸기 때문이다. 출세나 성공을 위해 더 유명한 대학, 더 유리한 대학에 입학시키기 위한 수단으로 교육이 이용되고 있는 실정이다.

이런 현상은 교회교육 현장에서도 쉽게 발견할 수 있다. 교회교육은 학생 한 사람 한 사람을 하나님의 사람으로 변화시키는 것보다는 학생의 숫자를 늘리는 데 혈안이 되어버렸다. 이렇게 교육이 성장의 도구로 전락하고 교육현장이 성장을 위한 각축장이 되어가면서, 양적인 성장이 곧 교육능력인 것처럼 되어버렸다. 교육은 없고 경영만 있는 안타까운 일이 벌어지는 것이 우리의 현실이다.

이런 현상은 교육부서만의 현상이 아니다. 교회 전체가 성장을 위한 싸움을 벌이는 전쟁터 같고, 이러한 교회가 요즘 주를 이루고 있는 느낌이다. 목회가 곧 교회를 성장시키는 것을 의미하는 것처럼 되어버렸다. 교회를 성장시키기 위해 목회를 하는 것이 되어버린 것이다. 성장은 좋은 것이고, 필요한 것이다. 교회는 성장해야 한다. 계속해서 끊임없이 성장해야 한다. 그러나 성장이 교육이나 목회의 목표가 될 수는 없다.

성장이 목표가 되면 그 순간 다른 모든 것은 수단이 된다. 예배도, 성경공부도 성장을 위한 수단이 된다. 그리고 성장이라는 목표를 달성하기 위해 무엇이든지 할 수 있게 된다. 물량 공세를 퍼붓든, 교인 쟁탈전을 하든, 이벤트를 하든, 성장할 수만 있다면 뭐든지 한다. 어떻게 하든, 무엇을 하든 성장만 하면 된다는 식이다. "꿩 잡는 게 매"라는 식이 된다. 모로 가도 서울만 가면 된다는 식이 된다.

특히 우리 교회만 성장하면 된다는 식의 '개교회 중심 성장주의'는 끔찍한 일이다. 교회는 성장했는데 믿는 사람의 수는 늘어나지 않는 현상이 일어난다. 교회는 성장하는데 하나님의 나라는 확장되지 않는 것이다. 도무지 어찌된 성장인지 이해할 수 없는 일이 벌어지는 것이다.

이런 현상의 밑바닥에 있는 것이 '개교회 중심 성장주의' 곧 '우리 교회 중심 성장주의'다. 성장을 목표로 하는 교육, 성장을 목표로 하는 목회는 위험하기 짝이 없다. 이렇게 해서 성장을 이룬다 하더라도 그 성장은 건강한 성장이 될 수 없기 때문이다. 부작용을 일으키는 성장이 될 수밖에 없다.

교회는 성장해야 한다. 성장을 기대해야 한다. 성장을 위해 기도하고 성장을 위해 노력해야 한다. 성장을 위한 노력은 성장이 목표가 되는 노력이 아니다. 성장은 우리가 말씀대로 순종했을 때 주어지는 결과다. 성장은 교육이 제대로 될 때 자연스럽게 따라오는 결과여야 한다. 이럴 때 성장은 건강한 성장이 될 수 있고, 그리스도의 향기를 드러내는 성장이 될 수 있다.

교육의 본질은 변화시키는 데 있다. 말씀과 기도로 양육하며 학생 한 사람 한 사람을 하나님의 사람으로 변화시켜갈 때, 성장은 저절로 따라올 것이다. 우리는 이것을 믿어야 한다. "그런즉 너희는 먼저 그의 나라와 그의 의를 구하라 그리하면 이 모든 것을 너희에게 더하시리라"(마 6:33). 우리는 이 말씀의 약속을 믿어야 한다.

교육은 변화시키는 것이다. 우리의 목표는 한 사람 한 사람을 예수님을 닮은 사람으로 변화시키는 것이다. 성경적인 삶의 스타일을 가진 사람으로 변화시키는 것이 우리의 목표다. 교회교육은 학생을 하나님의 사람으로 변화시키기 위한 활동이다. 예수님을 믿는 사람으로 변화시키고, 예수님을 닮아가는 사람으로 변화시키고, 거룩하고 순결한 삶을 사는 사람으로 변화시키는 것이 기독교교육이다.

말씀으로 변화를 받은 사람은 입으로는 복음을 전하고 삶으로는 복음을 증명하는 삶을 산다. 또 말씀으로 변화를 받은 사람은 거룩하게 산다. 삶 자체가 전도가 된다. "이같이 너희 빛이 사람 앞에 비치게 하여 그들로 너희 착한 행실을 보고 하늘에 계신 너희 아버지께 영광을 돌리게 하라"(마 5:16). 이렇게 될 때, 하나님의 영광이 드러나고 교회의 성장은 따라올 것이다.

이처럼 성장은 건강한 교육의 결과로 자연스럽게 주어진다. 이것이 우리가 성장 이전에 먼저 교육에 힘써야 하는 이유다.

기독교교육은 하나님의 사람을 길러내는 것이다. 하나님 말씀에 순종하고 말씀대로 살려는 거룩한 소욕을 가진 사람, 하나님이 기뻐하시는 일을 하는 사람을 길러내는 것이 교회교육이다. 하나님의 사람은 전도를 하더라도 교회를 성장시키기 위해 하지 않는다. 하나님 말씀에 순종하므로 전도한다. 하나님이 기뻐하시므로 전도한다. 이런 전도를 해야 결과적으로 교회가 성장하는 것이다.

따라서 자연스럽게 교회교육은 이중적인 목표를 갖게 된다. 첫째는 교육목표다. 교육목표는 변화시키는 목표다. 주님을 닮고 주님께 순종하며 주님이 기뻐하는 삶을 살도록 변화시키는 목표다. 교육을 위해 학생들에게 어떤 변화가 일어나기를 기대하는지 생각하면서 구체적인 목표를 설정하게 된다. 이것이 교육목표요, 양육목표다. 둘째는 전도목표다. 전도는 왕이신 하나님이 우리에게 맡기신 사명이요, 어명이다. 하나님의 사람이라면 순종해야 한다. 그래서 하나님 말씀에 순종하고 하나님이 기뻐하시는 전도를 위해 목표를 세우는 것이다.

이처럼 교회교육에서는 교육목표와 전도목표가 동시에 세워진다. 여기서 중요한 것은 순서다. 변화가 먼저고 성장은 변화의 결과다. 이 점이 중요하다.

이를 실증적으로 보여주는 것이 바로 짐 베커(Jim Bakker) 목사의 사례다. 1970년대부터 1987년까지 짐 베커 목사는 세계교회의 성장 아이콘이었다. 교회성장의 최선봉에 서서 성장신화와 성공복음을 설파하며 성장신화의 주역으로 활동했다. 전 세계의 1,400만이 넘는 가정에서 수신한 'PTL(Praise The Lord)'이라 불리는 기독교 방송 네트워크와 약 1,000만㎡ 규모의 '헤리티지 USA' 대표 등으로 미국 방송설교의 최강자로 불려지기도 했다. 인기 있는 복음성가 가수인 타미 페이와 결혼해 가정을 이루고 성장과 성공의 신화를 이룬 그는 분명 성공한 목회자였다.

하지만 1987년 짐 베커 목사는 불미스러운 일로 실형을 받아 4년 6개월의 수감생활을 하면서 사역과 가정을 잃고 그동안 쌓아올린 성공도 한순간에 잃어버린 실패한 목사의 대명사가 되었다. 출소 후 그는 수감 중에 새롭게 깨달은 믿음과 복음, 목회 등에 대한 내용을 담은 자서전 「내가 틀렸었다(I WAS WRONG)」를 출판했다. 짐 베커 목사의 고백은 우리에게 시사하는 바가 크다.

"하나님은 결코 우리의 업적으로 감동받지 않으시고 우리의 삶에서 영적인 열매를 보기 원하신다. … 나는 영적인 열매가 '얼마나 많은 사람을 기독교로 개종시켰는가'를 의미하는 게 아니라, '얼마나 하나님의 말씀에 따라 복음적 삶을 사는가'를 의미한다는 것을 이해하기 시작했다."

짐 베커 목사에게 감옥은 수도원이 되었다. 짐 베커 목사의 이런 고백은 변화에 초점을 두는 바른 교육이 얼마나 중요하고 필요한지를 새삼 생각하게 한다.

2) 내적인 변화와 외적인 변화

온전한 변화는 겉과 속, 속과 겉이 함께 변하는 것이다. 변화의 핵심은 내적인 변화와 외적인 변화의 조화다. 좋은 신앙은 겉과 속이 같아야 한다. 겉과 속이 다른 신앙은 병든 신앙이다. 외적으로 변했는데 내면이 변하지 않았다면 문제가 있는 변화다. 반면 내면은 변했는데 외적으로 나타나지 않았다면 그것 또한 검증이 필요한 변화다.

겉으로 드러난 행동이나 모양은 경건의 모습을 갖고 있으나 속사람의 모습에 경건의 능력이 나타나지 않는다면 이건 외식이다. 교회예배나 봉사에 열심이고 겉으로 보기에 믿음이 좋은 것 같은데 그 마음 속에는 더 높은 자리에 올라가고 싶고, 더 높은 직분을 갖고 싶고, 더 많은 권세와 권위로 군림하고 싶고, 출세하고 성공하고 싶은 욕심이 여전하다면 그것도 외식이다. 주님은 바리새인들에게서 이런 모습을 발견하고는 외식하는 자라고 질타하셨다.

반면 속사람은 경건한 사람으로 변했는데 행동이 따르지 않고 삶이 변하지 않는다면 이건 또 다른 기만이다(딛 1:16). 진정한 변화는 내면의 변화와 외연의 변화가 조화를 이룬다. 믿음이 성숙할수록 겉과 속, 속과 겉은 하나가 되어간다. 다만 우리의 부족함과 미숙함으로 인해 마음에는 원이로되 몸이 따르지 않는 현상이 나타난다(마 26:41). 이는 연약한 인간의 본성상 피할 수 없는 현상이다.

그렇다고 "마음에는 원이로되 육신이 약하도다"라는 말씀을 핑계삼아 겉과 속이 다른 것을 합리화할 수는 없다. 믿음이란 이를 극복해가는 과정이요, 변화 역시 이를 극복해가는 과정이기 때문이다. 우리의 믿음이 더욱 성숙하면 점점 내면과 외연의 괴리현상을 서서히 극복하게 되고 주님을 닮아가게 된다.

4. 의도성

교육은 변화를 위한 '의도적'인 활동이다. 즉, 교육은 의도적인 활동이다. 분명한 목표를 갖고 계획을 세워 조직적이고 지속적인 변화를 추구하는 의도적인 활동이다. 교육이 갖고 있는 의도성은 목적에 대한 의도성과 방법에 대한 의도성으로 나누어 생각해볼 수 있다.

교육은 분명한 의도가 있어야 한다. 어떤 사람으로 변화시키고자 하는지에 대한 목표가 분명해야 한다. 교육은 항상 '바람직한 방향'을 추구한다. 앞서 살펴본 바와 같이 교육은 변화를 의도하는 것이지 변질을 의도하는 것이 아니기 때문이다. 이러한 의도성을 '목적의 의도성'이라 할 수 있다. 또한 교육은 그 목적(목표)을 성취하기 위해 어떻게 할 것인지, 어떤 방법을 사용할 것인지에 대한 분명한 구상이 있어야 한다. 이를 '방법의 의도성'이라 할 수 있다. 일반적으로 교육에서 의도성을 이야기할 때는 주로 이 방법의 의도성을 가리킨다.

방법적 의도성은 체계적인 계획, 철저한 준비, 지속적인 노력의 형태로 나타난다. 교육방법이나 교수방법에 대한 연구나 개발이 필요한 이유는 교육이 이처럼 의도적인 활동이기 때문이다. 방법적 의도성은 다양한 형태로 표현된다. 좁게는 교육목적, 교육계획서, 교수-학습지도안, 교육프로그램, 다양한 활동 등의 형태로 나타나고, 넓게는 교육정책, 교육제도, 학제, 교육과정 등의 형태로 나타난다.

또한 교육적 의도성은 크게 두 가지 방향으로 표현된다. 하나는 안으로 넣어주는 방향이고, 다른 하나는 밖으로 끌어내는 방향이다. 이것은 오래전 우리나라에서 기독교교육을 가르쳤던 반피득의 책에 잘 정리되어 있다. 좀 길지만 내용을 그대로 인용해보면 아래와 같다.

영어의 Education의 어원(語源)은 라틴어(Latin)에서 온 것인데, 일반적으로 라틴 말 educere : *eductus sum*에서 생긴 말이라고 한다. 라틴말 educare : *educatus sum*에서 유래되었다고 함이 더 정확하다. 'educere'의 뜻은 '이끌어내다' '끄집어내다'라는 뜻이며 교육적 해석을 붙이면 사람이 선천적으로 가진 능력(power)을 이끌어내며 잘 키워주는 것이어서 한마디로 말하면, '나타낸다'라는 것으로서 영어의 'expression'이란 말에 해당할 것이다. 그러나 라틴어의 'educare' *educatus sum*은 영어의 'to nourish'에 해당하는 말로서, 우리말로 '훈육하다' '기른다'라는 뜻이다. 기독교교육에서 많이 사용되는 'nurture'라고 하는 영어도 이 말에서 기원하였으며 'to train' 'to stimulate' 'to guide'란 말도 이상적 교사가 가지는 특색으로서 이 말에서 연원한다. 영어의 'impression'은 '깊은 인상을 준다' '영향을 준다'라는 뜻인데, 'educare'의 본질을 드러내는 말이다. 그러므로 '교육'이란 말의 뜻은 진정한 의미에서 'expression'과 'impression'이 겸전(兼全)해야 하는 것이다. 이 두 가지 점을 강조하여 '교육'을 정의해보면;
① 교육은 채워주는(infilling) 과정으로서 사상의 계발(啓發), 이념의 형성

(形成)을 꾀하는 것이다. 이것이 곧 impression으로서 기르고 훈련하고 가르치는 일이며, 피교육자로 하여금 문화적 유산(文化的 遺産)과 조직된 경험에 접촉하게 하는 것이다. 낡은 교육이념이라고 배척하는 경향이 없지 않으나, 교육의 중요한 부면을 차지하고 있다.

② 교육은 또한 이끌어내는(drawing out) 과정으로서 피교육자의 선천적 재질과 흥미를 재발견하여 활동, 유희, 실험을 통하여 창조적, 독자적 생활방식을 수립하는 것이다. 기독교교육은 이 두 가지 점을 겸전함으로서 진리를 가르칠 뿐만 아니라 그리스도의 인격(Christlikeness)을 형성하여야 한다(반피득, 45-46).

교육이 갖는 이런 특성은 한자어 '교육(教育)'에도 잘 나타난다. '가르칠 교'에 해당하는 '교(教)'는 넣어주는 활동을 의미한다. 따라서 '교'는 바깥에서 학생을 교도하고 편달하는 것을 가리킨다. '기를 육'에 해당하는 '육(育)'은 가르침을 받은 학생이 내용을 잘 소화시켜 자기 것으로 만들어 표현하고 나타내는 활동을 의미한다. 따라서 '육'은 학생이 자기 안에 내재적으로 갖고 있는 소질이나 재능을 계발시켜 육성하는 것을 가리킨다.

그러므로 교육이란 어떤 바람직한 의도를 갖고 학생에게 넣어주고 (infilling), 학생 속에 있는 것을 끌어내는(drawing out) 과정이라 할 수 있다. 즉 넣어주고 끌어내어 변화를 이끌어내는 과정이 교육이다.

넣어주는 것   끌어내는 것

    그러면 무엇을 넣어주고 무엇을 끌어낼 것인가? 일반교육의 관점에서 넣어주고 끌어내는 것이 무엇인지 먼저 생각해보자. 넣어주는 것은 학생이 알아야 할 지식, 정보, 가치 등이다. 넣어주기를 위한 대표적인 활동으로는 강의, 설명, 암기, 보여주기, 들려주기 등을 들 수 있다. 그럼 무엇을 끌어내는가? 학생이 갖고 있는 소질이나 자질, 재능 등을 끌어낸다. 끌어내기를 위한 대표적인 활동으로는 질문, 생각하기, 발견 또는 탐구활동을 들 수 있다.

5. 기독교교육과 의도성

교육이 갖고 있는 이러한 의도성에 관해 기독교교육에서는 새로운 해석이 필요하다. 이 의도성은 기독교교육과 일반교육의 차이를 드러내는 중요한 부분이기 때문이다.

일반교육은 교사가 바르게 열정적으로 가르치고, 학생이 열심히 배우면 교육이 이루어진다는 신념의 토대 위에서 교육이 이루어진다. 하지만 기독교교육에서는 이 점에 있어 또 하나의 의문을 제기한다. "우리가 의도하는 대로 교육이 되느냐?" "우리가 의도하고 기대하는 대로 변화가 일어나느냐?" 하는 의문이다. 교회교육 현장에서 부딪히는 고민 중의 하나는 그렇게 열심히 교육하는데도 불구하고 사람들이 참 변하지 않는다는 것이다. 심지어는 "그렇게 열심히 은혜를 받았는데 변하지 않는 것이 기적이다"라는 푸념 섞인 말이 나올 지경이다.

우리가 의도를 가지고 교육해보면, 분명 효과가 있다. 모르던 것을 알게 되기도 하고, 생활에 있어서도 크고 작은 변화가 일어나는 것을 경험한다. 거짓말을 하던 사람이 거짓말을 하는 횟수가 줄어들고, 게으름을 피우던 학생이 점점 부지런한 학생으로 변하기도 한다. 우리는 이처럼 교육을 통해 변화가 일어나는 것을 경험한다. 하지만 그럼에도 불구하고 교회교육을 통해 갖게 되는 고민은 사람들이 정말 안 변한다는 사실이다. 물론 교육을 통해 어느 정도의 개선을 이룰 수는 있다. 어느 정도의 행동의 개선을 변화라고 한다면 우리는 교육이라는 의도적인 활동을 통해 변화를 가져올 수 있다. 그러나 "사람의 본질적인 변화가 가능한가"라는 데에는 의문이 생기기 마련이다.

교회교육에서 기대하는 변화는 어느 정도의 개선이 아니다. 교회교육은 예수 그리스도를 믿고 마음에 모셔들임으로 주님이 주인이 되는 삶을 살아가는 근본적인 변화, 본질적인 변화를 지향한다. "너희는 이 세대를 본받지 말고 오직 마음을 새롭게 함으로 변화를 받아 하나님의 선하시고 기뻐하시고 온전하신 뜻이 무엇인지 분별하도록 하라"(롬 12:2). "너희는 유혹의 욕심을 따라 썩어져 가는 구습을 따르는 옛 사람을 벗어 버리고 오직 너희의 심령이 새롭게 되어 하나님을 따라 의와 진리의 거룩함으로 지으심을 받은 새 사람을 입으라"(엡 4:22-24). 이런 신앙적인 변화는 사람의 의도적인 노력으로 이룰 수 있는 것이 아니다. 이런 변화는 위로부터 부어주시는 은혜가 있어야 가능하다. 하나님의 도움, 성령의 개입이 있어야 가능한 변화다.

그러므로 기독교교육의 변화는 사람의 의도적인 노력과 함께 하나님이 부어주시는 은혜의 도움을 통해 이루어지는 변화다. 우리는 우리가 할 수 있는 최선의 방법과 노력을 기울여 말씀을 넣어주고, 은사를 끌어내어 개발시켜주는 노력을 기울인다. 그리고 그 위에 하나님의 은혜가 부어지도록 겸손하고 간절하게 기도한다. 그리고 결과는 하나님께 맡기는 것이다. 이것이 기독교교육이다.

따라서 기독교교육에서 교육적인 의도성은 최선을 다한 노력과 은혜를 사모하는 간절한 기도, 그리고 결과에 대한 맡김과 수용의 형태로 나타난다. 이를 다음과 같은 그림으로 표현해볼 수 있다.

1) 은혜 구하기

2) 넣어주기

3) 끌어내기

4) 결과 의탁하기

1) 은혜를 구하는 기도

신앙은 은혜의 결과다. 신앙은 하나님이 주시는 선물이다(엡 2:8). 신앙은 성령이 주권적으로 역사하심으로 갖게 되는 하나님의 선물이다. 교육적 방법으로 신앙을 갖게 할 수는 없다. 기독교교육은 신앙을 주는 교육이 아니라 신앙을 갖도록 도와주는 교육이다. 따라서 바람직한 교육을 위해 꼭 필요한 것이 은혜의 도우심이다. 하나님께서 은혜를 부어주실 때, 우리의 노력은 실효를 거두고 변화의 열매가 맺히게 된다. 하나님의 도움을 위해 우리가 해야 할 일은 기도다.

하나님의 은혜는 전적으로 하나님의 주권에 속한 것이다. 이를 위해 우리가 할 수 있는 다른 일은 없다. 만약 이 은혜를 어떻게 해보려고 할 때, 우리는 조작주의에 빠지게 된다. 이렇게 될 때, 교회현장에는 심각한 왜곡현상이 나타난다. 우리는 이러한 현상을 수련회나 부흥회 등을 통해 경험한다. 음악이나 분위기, 조명, 음향, 감성적인 멘트 등을 동원해 마치 은혜가 임한 것 같은 현상을 연출하는 것이다. 이는 하나님 앞에서 두렵고 떨리는 일이다. 우리는 다만 간절히 기도할 수 있을 뿐이다.

2) 넣어주기

우리가 넣어주어야 하는 것은 하나님의 말씀이다. 말씀은 학생들의 발달적 단계나 처한 환경 등을 충분히 고려해 적절하게 체계화하고 구조화하여 넣어주어야 한다. 말씀은 살아 있고 능력이 있어 역사하는 힘이 있다. 말씀이 학생들에게 들어가 역사할 때, 학생들은 말씀을 통해 하나님과 대면하게 된다. 이런 만남의 경험을 통해 "아, 그렇구나"라는 은혜의 자리에 나아가게 된다.

말씀이 들어가면 죄가 드러난다(마 15:19). 죄가 드러나면 통회와 자복(회개)이 일어난다. 말씀이 들어가면 새로운 세계관, 새로운 가치관을 갖게 되고 변화가 일어난다. 이처럼 말씀이 들어가면 자신의 죄를 깨닫고 통회하며 자복하는 자리에 나아가기도 하고, 치유와 회복의 자리에 나아가기도 하고, 격려와 소망의 자리에 나아가기도 한다. 또한 사명을 깨닫고 사명의 자리에 나아가기도 한다. 따라서 교육하는 사람은 말씀의 역사와 능력에 대한 확신을 가져야 한다. 확신을 갖고 전하며 가르쳐야 한다. 말씀을 넣어주고, 은혜를 받도록 도와주는 것이 교회교육이다.

3) 끌어내기

학생들 속에는 하나님이 각 사람에게 주신 아름다운 것들이 많이 있다(딤후 1:14). 하나님은 우리에게 영원을 사모하는 마음, 각양의 재능과 은사 등 이루 셀 수 없는 귀하고 좋은 것을 주셨다. 하나님의 형상(Imago Dei)을 따라 지음 받은 우리는 상상할 수 없을 정도의 귀하고 아름다운 것들을 갖고 있다. 우리가 죄로 인해 잃어버린 이 하나님의 형상을 회복시키기 위해 예수 그리스도는 십자가에서 죽으셨다. 이 은혜로 말미암아 우리는 하나님의 형상을 회복할 수 있는 길을 찾게 된 것이다. 이것이 바로 복음이다.

교회교육은 복음을 통해 죄로 인해 잃어버린 것들을 회복하고, 끌어내어 살리고 개발하도록 도와주어야 한다. 하나님이 주신 것들을 잘 개발하고 살려서 하나님의 뜻에 맞게 사용하도록 격려해야 한다. 하나님은 세상을 창조하실 때, "각기 종류대로"(창 1장) 창조하셨다. 사람을 창조하실 때도 각각의 개성과 특성을 갖도록 창조하셨다. 누구와 비교되거나 누구처럼 되어야 할 이유가 없다. 하나님은 다양함 속에서 조화를 이루도록 하셨다. 교회교육은 학생들이 각자의 삶을 통해 하나님을 섬기고, 사람을 섬기도록 도와주어야 한다.

한편 사람 속에는 부패하고 타락한 본성이 자리 잡고 있다. 이 부패한 본성은 인간의 본성을 설명하는 신학적 표현이다. 부패한 본성이 어떤 모습, 어떤 형태로 나타나는지 이해하고자 하는 것은 기독교교육을 위해 아주 중요한 질문이다.

교회교육의 현장에서 발견되는 부패한 본성의 모습은 크게 2가지로 나누어볼 수 있다. 곧 악한(evil) 본성과 약한(weakness) 본성이다. 여기서 악한 본성이란 불의, 추악, 탐욕, 시기, 살인, 분쟁, 악독 등(롬 1장)과 같은 것들이다. 약한 본성이란 의심, 자기연민, 자기학대, 절망 등이다. 이 악하고 약한 본성들은 우리 속에 아주 깊은 뿌리를 내리고 '견고한 진'을 구축해 우리 삶의 전 영역에 영향을 미친다. 악한 본성을 끌어내 회개의 자리로 인도하고, 약한 본성을 치유해 회복시키는 것이 교회교육이 감당해야 할 사역이다. 이를 근본적으로 처리하는 것은 인간적인 이론이나 방법으로는 불가능하다. 성령의 역사, 하나님의 은혜가 있어야 한다.

교회교육은 학생들이 끊임없이 하나님의 은혜를 구하면서 이런 부패한 본성과 영적인 싸움을 해나가도록 격려하고 지원하는 것이다. 이때 십자가에서 죽으시고 부활하심으로 영원한 승리를 이루신 주님이 우리를 도우실 것이다.

4) 결과 의탁하기

우리의 노력과 기도에 대한 결과는 전적으로 하나님께 맡겨야 한다. 그리고 주어진 결과에 대해 믿음으로 받아들여야 한다. 여기에 다른 생각이 끼어들면 교회교육은 혼란에 빠지게 된다. 특히 변화의 결과를 우리가 의도적으로 만들어내려고 할 때, 사람은 인위적으로 변화를 조작하려는 유혹에 빠지게 되고 기독교교육은 왜곡에 빠진다. 앞서 살펴본 은혜에 대한 조작과 같은 위험한 현상이 벌어진다. 마치 변화가 일어난 것 같은 현상을 인위적으로 만들어내려고 한다는 말이다. 눈에 보이는 결과에 대한 집착, 외식적인 행동, 결과에 대한 착시현상 등에 빠지게 된다. 이는 끔찍한 일이다. 결과는 전적으로 하나님께 맡겨드려야 한다.

우리가 해야 할 일은 바른 목표를 세우고 그 목표를 성취하기 위한 바른 방법을 찾아 죽도록 충성하라는 말씀대로 열심을 다해 충성스럽게 섬기는 것이다. 이때 하나님께서는 하나님이 원하시고 기뻐하시는 열매를 거두게 하실 것이다. 이것이 기독교교육에 쓰임 받은 우리가 가져야 할 믿음이요, 비전이다.

제2장

기독교 > 교육

기독교교육은 합성어다. 기독교교육은 '기독교 + 교육'이다. 교육은 교육인데 기독교 교육이다. 기독교교육을 바르게 이해하기 위해서는 기독교교육이 합성어라는 점을 분명히 이해할 필요가 있다. 기독교교육과 교육은 같으면서 다르다. 한 지붕 두 가족이라 할 수 있다. 교육이라는 한 지붕 아래 있다는 점에서 같은 선상에 있지만 '기독교' 교육이라는 다른 바탕을 가진 점에서 다른 가족이다.

　기독교교육은 '교육'보다 '기독교'에 더 강조점이 있다. 기독교교육을 제대로 이해하려면 '기독교'라는 형용사가 붙어 있다는 점을 항상 염두에 두어야 한다. 이 점이 중요하다. 이것을 잊지 말아야 한다. 교육은 교육인데 **'기독교'** 교육이라는 말이다. '기독교'에 방점을 확실하게 찍어야 한다. 교육보다는 '기독교'가 더 강조되어야 한다. 기독교교육은 '**기독교**' 교육이다. 기독교교육은 교육이기 전에 기독교다. 교육학이기 이전에 기독교학이요 신학이다. 교육이기 이전에 영성이다. 기술이기 이전에 기도다.

기독교교육은 초월적이고 영적인 성격을 갖고 있다. 일반교육은 삶의 자연적인(natural) 차원을 다룬다. 자연인으로서의 사람을 위한 교육이 일반교육이다. 자연인으로서의 인간성을 회복하고, 인격을 도야하며, 소질이나 재능을 계발하며, 필요한 지식이나 기술을 연마하는 것이 일반교육이다. 기독교적인 관점에서 볼 때, 이는 일반계시의 영역에 해당한다. 일반교육은 일반계시를 다룬다. 일반계시는 하나님이 만드신 창조세계를 가리킨다.

이런 일반교육을 가리켜 넬스 페레(Nels F. S. Ferre)라는 기독교교육학자는 '자연과 역사를 통한 하나님의 교육'이라고 불렀다. 그리고 자연과 역사를 '하나님의 유치원'이라 했다. 모든 사람은 창조세계라는 하나님의 유치원에서 학습하며 생활한다.

> "모든 삶은 하나의 학교다. 창조의 전체 목적은 학습이다. 하나님은 그분의 생명과 사랑을 나누어주기를 원하셨으므로 그는 창조하셨고 또 창조하신다. … 창조 그 자체는 교육적 과정이다. 인간에게 있어서 창조의 전체 요점은 자유를 통한 사랑의 학습이다"(넬스 페레, 168-169).

따라서 일반교육은 하나님이 모든 사람에게 제공하시는 의무교육이다. "자연-역사는 모든 인간을 위한 일반적인 교육, 곧 모든 사람, 모든 종교, 그리고 모든 시대를 위한 의무 교육이다"(넬스 페레, 249).

반면 기독교교육은 특별계시에 뿌리를 두고 있다. 특별계시란 성경이다. 성경의 초점은 예수 그리스도다. 기독교교육은 구원을 위한 특별계시에 뿌리를 둔 하나님이 세우신 최고 등급의 고등교육이다. 따라서 자연적인 삶의 차원을 다루기도 하지만 궁극적으로는 초자연적(supernatural), 영적(spiritual), 또는 초월적인(transcendent) 차원을 주로 다룬다.

기독교교육은 영적인 교육, 구원을 위한 교육, 신앙을 위한 교육이다. 이 점을 놓칠 때, 기독교교육은 길을 잃고 혼란에 빠지게 된다. 많은 경우, 기독교교육을 너무 쉽게 그냥 '교육'이라고 생각한다. 교회교육 현장이 역동성을 잃고 방황하는 근본적인 이유는 '기독교'에 강조점이 있다는 사실을 잊어버리기 때문이다.

여기서 말하는 '기독교'란 '기독교적'이라는 뜻이다. 기독교적인 내용을 기독교적으로 교육하지 않으면 기독교교육이 될 수가 없다. 기독교적이라는 말은 기독교교육이 지향하는 교육의 성격, 교육의 방향, 학생의 이해, 교육의 목적, 교육의 내용, 교육의 방법과 관계가 있다.

기독교교육은 기독교적인 성격을 가져야 하고, 기독교적인 방향을 지향해야 하며, 기독교적인 인간이해를 바탕으로 하고, 기독교적인 목적을 갖고 있어야 한다. 다루는 내용이 기독교적이어야 하고 사용하는 방법 역시 기독교적이어야 한다. 이런 점에서 일반교육과 기독교교육은 그 출발부터가 다르다.

기독교교육의 목적은 성경에 기초한 기독교적인 삶의 양식을 형성하도록 돕는 것이다. 기독교적인 세계관으로 무장한 하나님 나라의 백성, 예수 그리스도를 구주로 신앙하고 따르는 신앙인으로 살도록하는 것이다. 기독교교육의 내용은 신앙인으로 살아가는 데 필요한 모든 것이다. 여기에는 성경과 신학적인 주제뿐만 아니라 신앙인으로서 기독교적인 삶의 양식을 형성해 살아가는 데 필요한 모든 지식과 경험과 관점들이 포함된다.

기독교적인 삶이란 성경적인 삶이다. 성경은 믿음의 규범이요, 삶의 규범이다. 성경대로 믿기도 해야 하지만 성경적으로 살기도 해야한다. 성경적으로 믿고, 성경적으로 사는 것이 기독교적인 삶이다. 따라서 모든 교육활동 속에 성경의 가르침, 성경의 정신이 스며들어있어야 한다. 목적과 내용뿐 아니라 행정과 운영에 이르기까지 모든 교육활동이 성경적인 정신 아래 이루어져야 한다.

기독교교육은 삶의 전 영역을 포함한다. 교회생활만이 아니다. 가정생활, 학교생활, 사회생활 모두를 포함하고 있다. 미디어 시대, 첨단 IT 시대에 맞추어 미디어 생활과 사이버 세상에서의 삶까지도 포함한다. 또한 태아로부터 노년에 이르는 전 세대를 대상으로 한다. 여기서 중요한 것은 삶 전체에 기독교적인 가르침이 녹아들어가도록 교육해야 한다는 점이다.

기독교교교육은 교육이면서 기독교적인 교육이다. 기독교적이라는 것에 방점이 있고, 기독교적인 교육이라는 점이 언제나 먼저 강조되어야 한다.

그러므로 기독교교육은 '기독교＋교육'이 아니라 '기독교＞교육'이 되어야 한다.

제3장

기독교교육과 관련된 용어들

기독교교육이 무엇인지 알아보기에 앞서 기독교교육과 관련된 여러 용어를 살펴보고자 한다. 이를 통해 우리는 기독교교육과 교회교육의 정확한 위치와 다른 교육적인 활동들과의 관계를 파악할 수 있다. 또한 기독교교육의 방법을 풍성하게 하는 데도 도움이 된다. 종교교육, 기독교교육, 교육목회, 교회교육, 교리문답, 제자훈련, 가정사역, 멘토링, 코칭 등을 중심으로 간략히 살펴본다.

1. 종교교육(Religious Education)

오래전 필자가 기독교학교에서 사용할 '종교' 과목 교과서 집필에 참여했을 때의 일이다. 정부에서 제시한 교과서 편수지침에 따르면 교과서 내용의 70%는 종교일반에 관해 다루고 특정 종교 그러니까 기독교에 관한 내용은 30%로 하도록 되어 있었다.

이렇게 될 경우, 기독교학교의 설립 이념을 살린 교육이 될 수 없다는 생각에 당시 함께 집필에 참여했던 분들 그리고 기독교학교 관련 지도자들과 협의해 내용의 비중을 조정한 적이 있다. 이는 기독교학교에서 가르치는 '종교'라는 과목에 대한 이해의 차이에서 발생한 문제다.

정부에서는 '종교' 과목을 "종교란 무엇인가?" "종교에는 어떤 종류가 있는가?" 등에 관해 다루는, 종교일반에 대한 소양을 갖도록 하는 과목으로 이해한 것이다. 이 경우 '종교' 과목은 종교교육을 위한 과목이 된다. 하지만 기독교학교의 입장에서는 설립 이념에 따라 '종교' 과목을 학생들에게 "기독교란 무엇인가?" "기독교는 무엇을 믿는가?" 등 기독교를 소개하고 전파하는 시간으로 이해한 것이다. 이 경우 '종교' 과목은 기독교교육을 위한 과목이 된다.

종교교육은 종교에 관해 교육하는 것이다. 따라서 종교교육은 종교란 무엇인가, 종교의 기원은 무엇인가, 종교와 인간은 어떤 관계에 있는가, 종교에는 어떤 종류들이 있는가 등을 다루는 종교일반에 대한 내용과 기독교, 불교, 이슬람교, 힌두교 등 특정 종교에 관한 교육이라 할 수 있다. 어떤 특정 종교나 종파가 갖고 있는 경전이나 신조, 교리나 종교의식들을 가르치고, 그 종교의 사상이나 역사나 윤리, 또는 문학이나 예술 등을 가르치는 것이 종교교육이다.

그럼 종교교육은 기독교교육과 어떤 관계에 있는가? 넓은 의미에서 기독교교육은 종교교육에 포함된다고 할 수 있다. 이런 점에서 자유주의 신학과 같은 진보적인 신학 입장에 있는 학자들은 기독교교육을 종교교육이라고 부르기도 한다. 하지만 "종교교육이라는 단어가 '기독교성'을 충분히 담아낼 수 있는가" 하는 문제가 제기된다. 이런 고민의 결과로 토마스 그룸(T. Groome)은 자신의 기독교교육 이론을 '기독교적 종교교육'으로 표현한다. '기독교성'을 담고 있는 종교교육이라는 의미로 이해할 수 있을 것이다. 양금희 교수는 이 문제를 다루면서 이렇게 지적한다.

"기독교교육이 현대사회에 보다 시의적절하고 효과적이려면 '종교교육'의 측면을 간과할 수 없는 것처럼, 역으로 '종교교육'이 아무리 학문성과 합리성을 담보하더라도 기독교교육이 추구하는 '예수 그리스도의 복음 전파와 하나님 나라의 구현'에 기여하지 않는다면 기독교교육으로서 의미를 갖지 못한다"(고용수 외, 32).

예수 그리스도의 복음은 선명하지만 독선적이지 않다. 율법은 선명하면서도 독선적이지만, 은혜는 선명하면서도 포용적이다. 복음은 은혜다. 우리는 복음의 선명성과 은혜의 유연성 사이의 긴장을 살려가야 한다.

우리는 포스트모더니즘의 영향으로 절대적인 진리를 거부하고 모든 것을 상대화해버리는 시대 속에 살고 있다. 이러한 시대적 도전

앞에 "어떻게 하면 복음의 선명성을 지키면서 유연하게 대응해 기독교교육을 펼쳐갈 것인가"가 이 시대의 기독교교육이 극복해야 할 과제다.

2. 기독교교육(Christian Education)

기독교교육은 기독교에 관한 교육이다. 또 기독교를 위한 교육이다. 여기서 말하는 '기독교'란 예수 그리스도의 복음으로서의 기독교다.

　복음 없는 기독교교육은 생각할 수 없다. 기독교교육은 복음을 가르치는 교육이요, 복음을 전파하는 교육이요, 복음을 삶으로 살게 하는 교육이다. 그리고 복음의 핵심은 예수 그리스도다. 예수 그리스도를 통한 구원이 복음의 핵심이다. "예수 그리스도를 믿음으로 구원에 이른다." 이것이 복음이 우리에게 전하고자 하는 내용이다. 기독교교육은 복음을 믿고 복음의 삶을 살도록 하는 교육이다. 따라서 기독교교육은 '복음교육'이다. 그리고 복음이 꿈꾸는 세상은 하나님의 나라다. 기독교교육은 하나님의 나라를 구현하고 대망하는 교육이다. 한 사람 한 사람이 하나님 나라를 꿈꾸며, 하나님 나라 백성의 삶을 살도록 하는 교육이다. 따라서 기독교교육은 '하나님 나라 교육'이다.

　기독교교육은 성경을 그 주내용으로 한다. 성경은 하나님의 말씀이다. 구원의 진리와 하나님 나라의 가르침을 담은 특별계시다. 성경에 복음이 담겨 있기 때문이다. 복음을 소개하고 설명하는 유일한 책이 성경이다. 기독교교육에서는 성경 외에 교회의 역사, 기독교의 교리, 기독교인의 생활 등에 대해서도 가르친다. 하지만 모든 내용은 성경의 기초 위에 구성된다. 따라서 기독교교육은 '성경교육'이다.

기독교교육은 삶을 교육한다. 복음을 믿고, 하나님 나라를 알고, 성경을 공부하는 것으로는 부족하다. 복음적인 삶, 하나님 나라 백성의 삶, 성경적인 삶. 이런 삶을 교육하는 것이 기독교교육이다. 삶으로 드러나지 않는 복음이나 하나님 나라, 그리고 성경 말씀은 자칫 우리를 가식적인 사람으로 만든다. 따라서 기독교교육은 '삶 교육'이다(롬 12:2, 엡 4:22-24).

이 모두를 묶어 신앙이라고 할 수 있다. 복음적 신앙, 하나님 나라 신앙, 성경적 신앙, 그리고 삶의 신앙이다. 신앙은 우리의 삶 전체를 아우르는 말이다. 신앙은 우리 인격의 전 영역과 삶의 전 영역에 녹아들어갈 때 바른 신앙이 된다. 생각하고 느끼고 말하고 행동하는 것 속에 신앙이 녹아들어야 한다. 교회와 가정과 학교, 사회와 사이버 공간 등 모든 영역에 스며들어야 한다. 그래야 신앙이라 할 수 있다. 이처럼 신앙을 갖게 하고 신앙의 삶을 살게 하는 것이 기독교교육이다. 따라서 기독교교육은 '신앙교육'이다.

기독교교육은 광범위한 장소에서 이루어진다. 우리 삶의 자리가 다양하기 때문이다. 우리는 다양한 삶의 자리에서 믿음의 삶을 산다. 그래서 다양한 장에서의 교육이 필요하다.

1차적인 장소가 교회다. 모든 기독교교육은 교회를 중심으로 펼쳐진다. 교회는 기독교교육의 출발점이요, 중심이다. 교회에서의 교육은 가정과 학교, 그리고 사회와 사이버 공간으로 확장된다. 이런 장소들은 교육의 장소도 되지만 교육의 내용이 되기도 한다. 예를 들어 보면, 가정이라는 장소에서 교육이 이루어지지만 가정에서 어떻게 생활해야 하는지도 교육해야 한다. 학교나 사회, 그리고 사이버 공간도 마찬가지다.

다양한 삶의 장소에서의 교육이 제대로 이루어질 때, 기독교교육은 힘을 갖게 된다. 교회 안에만 머무는 교육으로는 한계가 있다. 교회에서의 신앙교육을 어떻게 가정과 학교, 그리고 사회와 사이버 공간으로 녹아들어가게 할 수 있을까? 이것이 기독교교육이 풀어가야 할 교육적 사명이자 과제다.

3. 교육목회(Educational Ministry)

교육목회는 기독교교육과는 다르다. 교육목회는 목회라는 관점이 주가 되지만 기독교교육은 교육이라는 관점이 주가 된다. 그렇다면 교육목회란 무엇인가? 박봉수 목사는 교육목회를 목회라는 관점에서 이렇게 정의한다. "교육목회란 교인을 바람직한 그리스도인으로 이끌고자 하는 교육의 관점 하에 드러나는 목회 그 자체다"(박봉수, 38).

교육목회는 기독교교육의 목회적 적용이요, 목회의 기독교교육적 적용이라 할 수 있다. 예배, 교육, 교제, 전도, 봉사, 심방, 상담 등 목회 전반을 교육적 관점으로 접근해 계획하고 실행하며 평가하는 것이 교육목회다.

김형태 목사는 이러한 교육목회를 달리 '목회적 교육(Pastoral Education)'이라고 표현했다. "목회적 교육은 교역의 교육(Education of Ministry)이다"(김형태, 132). 그러면서 목회적 교육은 교육적 목회와 달리 교회의 돌봄을 먼저 생각하는 목자적 돌봄의 교육이고, 기독교교육과 목회학 등 실천신학을 전체적으로 보자는 것이며, 교회를 학습하는 교회, 변화하는 교회, 젊은 교회로 성장시키자는 것이자, 예수 그리스도의 목회적 교육에서 그 원형을 발견하는 것이라 하였다(김형태, 132).

따라서 교육목회는 목회의 전 영역, 교인의 전 세대를 아우르는 교육적 노력이다. 이런 교육목회적인 접근은, '목회'는 성인에게 초점을 맞추는 것이고, '교육'은 자라는 세대를 대상으로 하는 것이라는 이분법적 사고를 극복하게 해준다. 사실 목회와 교육의 이러한 분리 내지 괴리현상은 속히 극복해야 할 과제다. 교회의 건물 배치, 조직표, 예산 편성 등을 살펴보면 여전히 목회와 교육이 괴리되어 있음을 볼 수 있다. 교육목회는 이를 극복할 수 있는 목회적 관점을 제공한다.

4. 교회교육(Church Education)

교회교육은 교회에서 행해지는 일체의 교육활동을 일컫는다. 하지만 지금까지 한국교회에서는 교회교육이라는 것이 주일학교 교육이나 교회학교 교육과 거의 동의어처럼 사용되어 왔다.

주일학교(sunday school)는 로버트 레익스의 주일학교 운동에서 그 연원을 찾을 수 있다. 로버트 레익스(Robert Raikes ; 1736–1811)는 영국의 한 지방도시에서 지역신문을 발행하는 일을 하다가 어린이들에 대한 계몽운동이 필요함을 깨달았다. 그래서 1780년 영국 글러우체스터의 메리디스 부인의 주방에서 매 주일 오전과 오후에 읽기와 쓰기, 셈하기, 그리고 도덕과 성경을 가르치는 주일학교가 시작되었다.

많은 오해와 반대도 있었지만 이 주일학교 운동은 1811년 로버트 레익스가 세상을 떠났을 때, 영국 전역에 40만 명에 이르는 학생을 가진 주일학교 운동으로 확산되었다. 그리고 이 운동은 1785년 미국 남부지방을 중심으로 보급되었으며, 1791년에는 미국 북부인 필라델피아, 뉴욕, 보스톤 등에 어린이들을 위한 일요강좌가 개설되면서 전국적으로 보급되기 시작했다.

우리나라에서는 초기 선교사들에 의해 19세기 말에 소개되어 오늘에 이르고 있다. 주일학교는 한국 교회교육의 근간을 이루며 많은 역할을 감당했다. 그러던 중 주일학교라는 용어가 자칫 주일에 국한된 '주일만의 교육'이라는 인상을 갖게 할 수 있다는 반성과 함께 주일

교육이 주중교육으로 확장되어야 한다는 의도에서 '교회학교(Church School)'라는 용어가 등장하게 되어 지금에 이르고 있다. 하지만 우리 주변에서는 여전히 주일학교 또는 주일학교 교육이라는 표현을 그대로 사용하는 경우를 쉽게 볼 수 있다.

한편 주일학교 교육이라고 하든, 교회학교 교육이라고 하든 '학교교육'이라는 표현은 교회교육에 대한 심각한 오해를 야기할 수 있다. 학교라는 표현이 갖는 문제점은 첫째, 교육대상에 대한 오해다. '학교'라고 하니까 마치 교육의 대상이 학교를 다니는 세대, 즉 자라는 세대를 대상으로 하는 것이라는 생각을 갖게 하는 위험이 있다.

둘째, 교육구조나 방법에 대한 오해다. '학교식 교육(schooling system)'을 통해 교회교육을 수행할 수 있다는 생각이다. 일반교육과 교회교육은 그 출발점부터가 다르다. 교육의 목적과 내용, 그리고 방법에 있어 현격한 차이가 있다. 따라서 일반교육을 위한 시스템으로 받아들여지고 있는 학교식 교육이 신앙교육을 위한 교회교육에도 적합한가에 대한 의문이 제기될 수밖에 없다.

이런 문제의식에서 존 웨스트호프(John H. Westerhoff)는 학교식 교육이 지식을 저장하는 교육이라고 비판한다. 그러면서 이러한 '학교식-교수중심 교육(schooling-instruction paradigm)'은 실패한 교육이므로 폐기해야 한다는 급진적인 주장을 펴기도 한다. 그러면서 '신앙공동체 중심의 문화화 교육(a community of faith-enculturation paradigm)'으로 바꾸어야 한다고 주장한다(존 웨스트호프, 97).

'학교식 교회교육'에 대한 이러한 지적과 반성이 일어나면서 이제
는 '－학교교육'이라는 말보다는 교회교육이라는 용어가 더 자연스럽
게 사용되고 있다. 따라서 교회교육이란 교회학교 교육만이 아닌 교
회 전반에 걸쳐 행해지는 교육적인 활동을 가리키는 용어로 사용되
기도 한다.

　이에 대해 박상진 교수는 교육의 장이라는 관점에서 "교회를 기독
교교육의 현장으로 이해할 때, 단지 교회학교만을 의미하는 것이 아
니라 교회생활 전반을 교육의 장으로 보아야 한다. 이는 교회학교가
기독교교육의 장이 아님을 의미하는 것이 아니라, 교회학교를 포함
한 교회의 전 영역이 기독교교육의 장임을 인식해야 한다는 것이다"
(고용수 외, 171)라고 지적했다.

　그러므로 교회교육은 교회학교의 울타리를 넘어 교회공동체 전체
로 확산되고 녹아드는 교육이 되어야 한다. 이 경우 교회교육은 교육
목회와 많은 부분 상충되는 면이 없지 않다. 하지만 교육목회가 목회
적 관점에 방점이 있다면 교회교육은 교육적 관점에 방점을 두고 있
다. 이런 점에서 이 둘은 분명히 구분된다고 하겠다.

5. 교리문답(Catechesis)

교리문답은 고대 기독교시대부터 사용되어온 기독교교육을 지칭하

는 말이다. 이에 대해 토마스 그룹은 이렇게 설명하고 있다. "교리문답(catechesis)이라는 용어는 희랍어 동사 '카테케인(katechein)'에서 유래하였다. 이 동사는 '방향하다' '울리다' 또는 '넘겨주다'를 의미한다. 이같이 이 용어의 어원은 구전적 교훈이라는 뜻을 함축하고 있다. 그리하여 교리문답이라는 용어는 신약에서 구전교훈으로 사용된다"(토마스 그룹, 59). 즉 교리문답은 구전을 통한 교리의 전수를 의미한다. 기독교는 교리문답이라는 형태의 교육을 발전시켜왔던 것이다.

개신교회사 속에 나타나는 대표적인 교리교육으로는 마르틴 루터의 '소요리문답'(1529년)과 '대요리문답'(1529년) 마르틴 부처의 '짧은 성경적 해설'(1534년), '짧은 교리문답'(1537년) 등이 있다. 특히 장로교의 아버지라 불리는 깔뱅은 교리교육에 많은 관심을 갖고 있었다. 깔뱅의 역작인 『기독교 강요』가 바른 교리를 가르치기 위한 노력의 산물이라는 것은 우리에게 잘 알려진 사실이다. 이외에도 깔뱅은 교리교육을 위해 '즈네브 교회에서 사용하는 신앙교육 요강'(1537년) '즈네브 교회의 요리문답'(1541/2년 그리고 1548년) 등을 발행해 목회에 사용했다. 특히 깔뱅이 1548년에 발행한 교리문답은 목사와 어린이의 대화형태를 띠고 있으며, 총 55과로 나누어 1년 동안 주일 저녁예배마다 설명하고 가르쳤던 것으로 알려져 있다.

깔뱅의 교리문답의 주요 내용은 하나님에 대한 지식, 하나님의 영광, 하나님에 대한 예배 등이며, 구체적으로는 사도신경의 각 조항, 십계명, 기도와 성례전 등을 차례로 다루고 있다. 내용은 신앙에 관한 1-130문항, 율법에 관한 131-232문항, 기도에 관한 233-295문항, 성례전에 관한 296-373문항으로 이루어져 있다. 이러한 교리문답의 형식과 내용은 이후 다른 신앙고백서에 큰 영향을 끼쳤다. 그 대표적인 것으로 '웨스트민스터 신앙고백서'와 '웨스트민스터 소요리문답'(1647년) '하이델베르그 요리문답'(1563년) 등을 들 수 있다.

여기서 우리가 교육의 방법론적인 관점에서 주목하게 되는 것은 '문답법'이다. 교리문답이라는 교육형태에서는 무엇보다 묻고 답하는 문답법이 방법론적 핵심을 이룬다. 문답식 교육은 구약성경에서 쉽게 찾아볼 수 있다(출 12:26-28, 수 4:6-7 참조). 이런 문답법을 오늘날 교회교육에 어떻게 적용하고 다시 살려낼 것인가는 의미 있는 고민이 될 것이다.

6. 제자훈련(Discipleship Training)

제자훈련은 선교단체에서 시작된 양육방법이다. 이런 선교단체식 양육방법이 최근에는 교회에 적용되어 활발하게 사용되고 있다. 선교단체에서 시작한 제자훈련을 교회화하여 한국교회에 성공적으로 정착시키고 보급시킨 옥한흠 목사는 제자훈련의 도입에 대해 이렇게 설명했다.

"제자훈련이라는 그 말에는 기성 교회의 전통적인 교육방법을 불신하는 색채가 다소 깔려 있지 않나 생각한다. 제도적이고 형식적인 교육 환경을 이용하여 지식 전달을 하는 데서 더 이상 발전하지 못하고 있는 것처럼 보이는 주일학교식 교육이 이제는 어떤 한계점에 봉착했다고 판단하고, 그 대신 좀 더 적극적이고 구체적인 교육방법이 필요하다고 주장하는 강한 의지가 그 말에 들어 있는 것 같다. 다시 말하면 기성 교회에서 실패한 것처럼 보이는 교육에 대한 반동으로 등장한 용어가 훈련이라는 말이 아닌가 하는 생각이다. 이 견해에 동의하든 안 하든 큰 문제는 아니라고 생각한다"(옥한흠, 192).

그러면서 제자훈련의 목적에 대해 이렇게 진술했다. "제자훈련의 궁극적인 목적은 무엇인가? 간단히 말해서 예수 그리스도의 인격과 삶을 본받는 신자의 자아상을 확립하는 것이다. 예수처럼 되고 예수처럼 살기를 원하는 신앙인으로 만드는 데 있다. 이것이 가장 정확한 대답이라고 할 수 있다. … 예수의 제자가 된다는 것은 예수님을 각자의 왕, 주인으로 모시고 그를 따르며 배우며 순종하는 사람이 된다는 것을 말한다. 여기에는 인격적인 면과 사역적인 면이 다 포함된다"(옥한흠, 194).

이런 지적을 대할 때마다 기독교교육과 관련된 한 사람으로서 많은 반성과 함께 깊은 고민을 하게 된다. "제자훈련은 그리스도인들의 삶에 있어서 영적인 성숙과 영적인 재생산을 개발하는 영적인 사역이다"(게리 쿠네). 이는 곧 교회교육의 목적과 상통한다.

　최근에 와서 제자훈련의 좋은 점을 그대로 인정하고 받아들이면서도 제자훈련이 갖고 있는 제한점들에 대한 반성이 일고 있다. '제자'라는 용어가 너무 정적이고, 배우고 공부하는 이미지가 강해 사역적인 역동성을 담아내는 데는 한계가 있다는 지적이다. 사실 처음에 시작된 제자훈련은 말 그대로 훈련에 역점을 두는 것이었으나 최근에 와서는 공부로 그 초점이 옮겨간 느낌이 있다. 또한 제자훈련이 지나치게 복음을 개인화, 사유화하도록 한다는 지적도 있다. 따라서 복음의 역사성, 사회성, 공동체성을 약화시킨다는 것이다.

　이런 반성은 의미 있게 받아들여야 할 지적이다. 제자훈련이 하나님 나라의 백성을 양육하고 훈련하는 데 효과적인 교육방법임에는 틀림이 없다. 하지만 제자훈련은 교회교육의 한 방편이지 교회교육을 대체할 수 있는 것은 아니다.

　교회교육의 틀 안에서 제자훈련을 지혜롭게 활용한다면 우리는 많은 것을 얻을 수 있다. 신앙교육의 핵심은 삶을 형성하는 것이다. 이를 교육하기 위해서는 훈련의 요소가 꼭 필요하다. 제자훈련은 특별히 이런 훈련의 중요성과 필요성을 일깨워주었다.

7. 가정사역(Family Ministry)

최근 들어 교회 안에서 가정사역이 활발하게 펼쳐지고 있다. 아버지학교, 어머니학교, 며느리교실(룻 교실), 시어머니교실(나오미 교실), 고부학교, 결혼예비학교 등 실제적인 프로그램으로 교회교육에 영향을 미치고 있다. 이런 가정사역(Family Ministry)의 이론적 배경은 상담학이다. 상담에서도 치유상담이 아닌 예방상담의 관점에서 가정사역이 이루어지고 있다. 기독교교육의 가정교육(Family Education)이 미처 손쓰지 못하던 부분들을 가정사역이 잘 감당해주고 있는 것이다.

그동안 가정교육은 기독교교육학에서도 교회교육에 밀려 그렇게 주목을 받지 못했다. 사실 기독교교육은 대개가 교회교육과 동일시될 정도로 교회교육에 관한 연구에만 매달려온 느낌이 있다. 이처럼 기독교교육이 지나치게 교회교육에 치중해 있는 동안 가정교육은 학교교육이나 사회교육 등과 함께 소외되어왔다. 또한 가정교육을 논의하는 경우에도 자녀교육의 범위를 벗어나지 못하는 경우가 많았다. 즉 기독교교육에서 말하는 가정교육론은 곧 자녀교육론으로 이해하는 경향이 농후했다.

그래서 가정사역에서 다루고 있는 문제들을 기독교교육적으로 다루어야 할 성인교육에 대한 연구는 아직도 성인교육론에 대한 이론적 논의의 수준에 머물러 있다. 그러다 보니 성인교육을 위한 실제적인 프로그램 개발에는 아직 이렇다 할 성과를 내지 못하고 있는 형편이다. 성인교육과 관련한 책에서 제시하는 프로그램을 봐도 가정사역에서 제시하는 프로그램의 범주를 벗어나지 못하고 있다. 기독교교육에서 가정교육이 되었든 성인교육이 되었든 가정을 구성하는 전 세대에 대한 체계적이고 지속적인 프로그램의 개발이 시급하게 이루어져야 한다.

가정(성인)교육과 가정사역은 서로 보완적인 관계에 있다. 그러나 교육이 상담이 될 수 없고, 상담이 교육이 될 수 없듯이 가정(성인)교육과 가정사역은 서로 감당해야 할 역할이 다르다. 가정과 가족을 대상으로 한다는 점에서 일정 부분 중첩되는 것을 피할 수는 없지만 그 역할이 분명히 구분된다. 더더욱 교회교육의 현장에서 가정사역이 가정교육을 대체할 수는 없는 노릇이다. 가정사역이 감당해야 할 역할이 있고 가정교육이 감당해야 할 역할이 있다.

가정(성인)교육의 배경은 교육학이고, 가정사역의 배경은 상담학이다. 가정(성인)교육은 교육과 훈련에 초점을 두는 반면, 가정사역은 치유와 예방에 역점을 둔다. 가정(성인)교육이 인지적인 면에 뿌리를 둔 전인사역이라면, 가정사역은 정서적인 면에 뿌리를 둔 전인치유사역이다. 가정(성인)교육에서는 사람을 성장과 발달이 필요한 존재로 이해하는 반면, 가정사역은 사람을 기본적으로 치유와 회복이 필요한 존재로 이해한다. 이러한 기본적인 차이는 실제적인 프로그램을 개발해 적용하는 데에도 차이를 나타내기 마련이다.

따라서 가정(성인)교육과 가정사역이 서로의 역할을 충실히 해나감으로써 더욱 건강하고 바람직한 성도를 육성할 수 있다. 이런 관점에서 가정(성인)교육은 성경적 가정관부터 구체적인 교육 프로그램에 이르기까지 본격적인 연구와 개발이 이루어져야 한다.

8. 멘토링(Mentoring)과 코칭(Coaching)

멘토링과 코칭을 교회교육이나 목회에 접목시키려는 시도가 여기저기에서 일어나고 있다. 멘토링에 대한 관심이 꽤 오래된 현상이라고 한다면 코칭에 대한 관심은 비교적 최근의 일이다. 멘토링과 코칭은 비슷하면서도 다르다. 큰 틀에서 볼 때, 코칭은 멘토링에 포함된다고 할 수 있다.

'멘토링(Mentoring)'은 한 사람이 멘토(mentor)가 되고 다른 사람은 멘티(mentee)가 되어 상당히 오랜 기간 인격적인 관계를 유지하면서 영향을 주고받는 일련의 과정을 일컫는다. 멘토링에서는 무엇보다 인격적인 관계형성이 중요하다. 상호존중과 신뢰의 관계 없이 멘토링은 불가능하다. 멘토링은 일반적으로 일대일의 관계를 기본으로 하며, 경우에 따라 그 관계가 일생 동안 지속될 수도 있다.

멘토가 되기 위해 특별히 전문적인 교육을 받을 필요는 없다. 멘토링을 교육에 적용해 의도적으로 멘토와 멘티의 관계를 맺어주는 경우도 있지만, 대개 멘토링의 관계는 자연스러운 과정을 통해 맺어진다. 영성훈련에서 영성적 삶을 지원하고 도와주는 영적 지도(Spiritual Director)의 모습에서 멘토링의 모범을 찾아볼 수 있다. 멘토링은 신앙교육을 위한 방법으로 아주 유익하다.

멘토링은 그 기원 자체가 교육적 동기에서 출발했다. 오디세우스 왕의 친구인 멘토(Mentor)가 왕의 아들인 텔레마쿠스(Telemachus)를 맡아 교육하는 이야기가 바로 멘토링의 기원으로 알려져 있다. 오디세우스 왕은 트로이 왕국을 공략하기 위해 먼 길을 떠나면서 나약한 아들 텔레마쿠스를 친구인 멘토에게 맡겼다. 20년간의 지루한 트로이 전쟁을 끝내고 오디세우스 왕은 우여곡절 끝에 자신의 이타가 왕국으로 돌아왔다. 돌아와보니, 멘토에게 교육을 맡겼던 아들 텔레마쿠스는 멘토의 지도를 받아 자신의 대를 이을 왕으로 손색없을 정도로 훌륭하게 자라 있었다. 이처럼 멘토링은 교육적이다.

한편 '코칭(Coaching)'은 보다 전문화되고 세분화된 사회에서 복잡한 문제와 싸워야 하는 현대인들의 마음을 지지해주며 현실적이고 효과적인 대안을 찾아가도록 도와주는 문제해결적 커뮤니케이션 기술이다. 코칭은 전문적인 코칭 기술을 익힌 사람이 코치(coach)가 되고 코칭을 받고자 하는 사람이 코치이(coachee)가 되어 코치이가 당면한 문제의 해결에 도움을 제공한다. 이처럼 코칭은 관계 중심이기보다는 문제해결 중심이다. 경우에 따라서는 그룹 코칭도 가능하며, 관계가 지속되는 기간은 길지 않다. 문제해결이 종료되면 코칭의 관계도 종료된다.

코칭을 위해서는 전문적인 교육과 훈련이 필요하다. 코치가 사용하는 핵심적인 기술은 전문적으로 훈련된 질문하기와 경청하기로 구성된다. 코칭의 기술모델로 많이 알려진 것으로는 5R 모델을 들 수 있다. 즉 관계형성(Rapport)-목표발견(Refocus)-현실인식(Reality)-해결자원(Resources)-상호책임(Responsbility)으로 구성되는 모델이다(폴정, 101-117). 사회가 복잡해지고 다변화되면서 코칭의 필요는 점차 늘어나고 있는 추세다. 멘토링은 교육적 분위기가 강하지만 코칭은 상담적 접근이 강하기 때문에, 코칭 기술은 교육에서 점점 그 중요성과 필요성이 강조되고 있는 생활지도(guidance)에 크게 도움이 되고 있다.

코칭은 교회교육, 신앙교육에도 많은 도움이 된다. 따라서 코칭에서 사용하는 원리나 기술을 신앙교육에 접목시켜 활용하기 위한 신학적이고 기독교교육적인 연구과 노력이 필요하다. 코칭은 사람의 내면에 있는 '무한한 잠재력'에 주목하여, 그 잠재력을 끌어내고 활용하도록 하는 데 초점이 있다. 코칭의 인간이해는 인본주의적이며, 코칭은 인본주의 심리학을 바탕으로 하고 있다.

그러나 신앙교육은 하나님의 은혜와 성령의 도우심을 바탕으로 한다. 따라서 코칭을 신앙교육에 접목했을 때 생길 수 있는 거부 반응이나 부작용 등에 대해서는 신중하고도 세밀한 주의가 필요하다. 특히 코칭에서 핵심 기법 내지는 이론으로 사용되는 NLP(Neuro-Linguistic Program)의 경우는 인본주의적 성향이 워낙 강하기 때문에 더욱 분별력 있는 적용이 필요하다.

NLP는 뇌에 대한 최근의 연구 성과들과 뇌과학을 기반으로 우리의 뇌 속에 잠재되어 있는 무궁무진한 능력과 긍정적인 사고의 힘에 대한 무한 신뢰를 바탕으로 한다. 따라서 NLP는 '뇌-마음'을 무한 능력의 소재로 이해한다. 그리고 뇌(신경)와 언어의 상호작용을 바탕으로 긍정적인 생각과 긍정적인 언어는 긍정적인 결과를 만들어낼 수 있다는 확신을 기반으로 이루어진다. NLP는 긍정적으로 생각하고 긍정적으로 말하는 사람을 만든다.

NLP의 효과는 탁월하고 강력하다. 그래서 최근 많은 사람이 관심을 갖고 배우고 활용하며 점점 확산되는 추세다. 우리 '뇌-마음'이 갖고 있는 엄청난 능력은 하나님이 주신 것이다. 그러므로 우리 안에 내재된 이 능력을 계발하고 사용해야 한다. 어떻게 하면 신앙적인 가르침 안에서 하나님이 우리 안에 허락하신 능력들을 계발할 것인가에 관심을 가져야 한다. 이것은 신앙교육이 마땅히 관심을 가져야 할 부분이다.

NLP가 긍정적인 사람을 만들듯이 신앙교육 역시 긍정적인 사람을 만든다. 하나님의 은혜는 긍정적인 사람을 만든다. 신앙은 밝고 따뜻하며 우아한 사람을 만든다. 신앙은 긍정적인 사고, 긍정적인 말의 원천이다. 이런 점에서 신앙교육과 NLP는 같은 목표를 지향한다.

하지만 그 근원은 다르다. NLP는 내 안에 잠든 무한한 잠재력에 대한 확신에서 긍정의 힘이 나온다. 신앙교육에서는 하나님의 은혜에 대한 믿음에서 긍정의 힘이 나온다. 이런 차이를 충분히 이해하면서 코칭이나 NLP 코칭이 갖고 있는 유익한 점들을 어떻게 활용할 것인지에 대해 연구하고 계발할 필요가 있다.

제4장

기독교교육에 대한 정의

기독교교육을 무엇이라고 정의할 것인가? 정의는 정의를 내리는 사람에 따라 크고 작은 견해의 차이가 있을 수밖에 없다. 기독교교육에 대한 정의도 사람에 따라 내용과 표현에 차이가 있다. 여기서는 조지 쉐레어와 존 웨스트호프의 정의를 신앙교육과 관련해 살펴보고자 한다.

1. 정의

먼저 조지 쉐레어는 다음과 같이 기독교교육을 정의한다. "기독교교육은 '그리스도와 같은(Christlike)' 인격형성을 할 수 있도록 교도하는 과정이다. 이것은 하나님과의 관계형성과 성령의 인도를 받는 개인들이 모인 집단체 안에서의 교제를 통하여 성장 발달하는 교육과정이기도 한 것이다"(쉐레어, 51). 이 정의에 담긴 주요개념은 '그리스도와 같은 인격' '하나님과의 관계 경험' '성령의 인도를 받은 개인들이 모인 공동체 안에서의 교제를 통한 성장 발달'이라는 표현들이다.

존 웨스트호프는 이렇게 정의한다. "기독교교육은 신앙공동체 안에서 사람들의 전 삶에 초점을 두며 개인들과 그룹들을 기독교적 삶의 스타일로 개발시키는 신앙공동체의 계획적, 조직적, 그리고 지속적인 노력이다"(존 웨스트호프 편, 80). 이 정의에 담긴 주요개념들로는 '신앙공동체 안에서' '사람들의 전 삶에 초점을 두며' '기독교적인 삶의 스타일' '계획적, 조직적, 지속적인 노력' 등이다.

2. 정의에 담긴 뜻

여기서는 기독교교육이 신앙교육이라는 것에 초점을 맞춰 정의에 담긴 몇 가지 중요한 개념들을 살펴보는 것으로 정의에 대한 설명을 대신하고자 한다.

1) 기독교교육은 '신앙'을 형성하는 교육이다

기독교교육은 신앙을 갖게 하고 신앙 안에서 살게 하며 신앙이 자라게 하는 것이다. 리차드 오스머(Richard R. Osmer)는 이 점에 대해 명료하게 밝히고 있다. "교회교육의 기본 목적은 신앙이 일깨워지고, 지원받고, 도전받을 수 있는 장을 만드는 데 있다. 다시 말하면, 교회교육은 신앙을 위하여 존재한다"(오스머, 23). 교회교육은 단지 교회에 출석하는 교인이나 성경을 아는 사람으로 만드는 것이 아니다. 예수 그리스도를 구주로 고백하고, 하나님을 창조주요 내 삶의 섭리자로 고백하며, 성령님을 보혜사로 믿고 고백하도록 하는 신앙교육이다.

우리는 신앙교육을 통해 신앙을 갖고, 신앙이 자라고, 신앙 안에서 살고, 신앙의 주이신 예수 그리스도를 위해 살게 된다. 교인에서 신자로, 신자에서 성도로, 성도에서 사도로 믿음이 점점 자라게 되는 것이다. 요약하면 기독교교육이란 사람으로 하여금 신앙을 형성해 신앙적인 삶을 살아가도록 돕는 신앙적인 활동이라 할 수 있다.

2) 기독교교육은 '전(全) 삶'을 대상으로 한다

'전 삶'이란 전 세대, 전 시간, 전 영역을 망라한다는 뜻이다. '전(全) 세대'란, 태아부터 노년에 이르는 전 세대를 대상으로 한다는 뜻이다. 신앙교육은 평생교육(life-long education)이다. 따라서 신앙교육은 전 세대를 아우르는 세대통합교육이나 간세대교육이 되어야 한다. '전(全) 시간'이란, 주일만이 아닌 주중까지 모든 시간을 포함하는 교육이 되어야 함을 가리킨다. 신앙교육은 매일매일, 그리고 매시간 주님과 동행하는 신앙생활을 하도록 도전하고 지원하는 교육이 되어야 한다. '전(全) 영역'이란, 교회뿐 아니라 가정, 학교, 사회, 사이버 공간, 미디어를 총망라한다는 의미다. 따라서 교회교육뿐만 아니라 기독교 가정교육, 학교교육, 사회교육, 사이버 교육, 미디어 교육에 대한 관심이 필요하다.

3) 기독교교육은 '신앙공동체의 경험'을 통해 이루어진다

신앙교육은 학교가 아닌 공동체를 통해 가능하다. 지식을 가르치는 학교식 교육이 아니라 공동체 안에서 더불어 살면서 공동체의 삶을 경험하고, 신앙의 삶을 경험함으로써 교육이 이루어진다. 함께 예배를 경험하고, 교제를 경험하고, 성경공부를 경험하고, 절기를 경험하고, 기도를 경험하고, 여러 가지 활동을 경험하고, 섬김의 삶을 경험하는 것이 중요한 신앙교육이다.

이런 경험들이 공동체를 통해 이루어진다. 따라서 교회는 학교가 아니라 공동체가 되어야 한다. 지식을 나누는 것이 아니라 삶을 나누어야 한다. 공동체 안에서 인격적인 만남이 이루어져야 한다. 함께 기뻐하고 아파해야 한다. 서로 위로하고 위로받아야 한다. 신앙교육을 위해 필요한 것은 이처럼 삶을 나누는 가족과 같은 공동체다.

4) 기독교교육은 '삶의 스타일'을 계발하는 것이다

신앙적인 삶의 스타일, 곧 성경적인 삶의 스타일을 계발해 그리스도를 닮은 성경적인 삶을 살도록 하는 것이 기독교교육이다. 그리스도를 닮은 삶이 신앙적인 삶이요, 성경적인 삶이 곧 신앙적인 삶이다. 그렇다면 그리스도를 닮은 성경적인 삶의 스타일이란 무엇인가?

성경적인 삶의 스타일이란 성경적으로 생각하고, 느끼고, 말하고, 행동하는 것이다. 성경적인 세계관을 갖고, 성경적인 감성으로 사람과 자연의 세계와 교감하며, 성경적인 가르침에 따라 말하고, 성경적인 가르침을 따라 행동하는 것이 우리가 계발해야 할 성경적인 삶의 스타일이다. 여기에 한 가지 주의해야 할 점이 있다. 성경을 인용한다고 해서 '성경적인 것'은 아니라는 점이다. 성경을 인용해 말한다고 다 성경적인 가르침은 아니다. 사단은 성경을 인용해 예수님을 시험했다. 성경을 인용해 사람을 미혹하는 이단은 얼마든지 있다. 최근에 활발하게 활동하는 이단의 특징은 성경으로 미혹한다는 점이다. 과거에는 신유와 같은 이적과 기사를 이용해 미혹했지만 최근에는 성경을 인용해 정교하게 조작된 가르침을 이용해 미혹한다.

성경적인 삶의 스타일이란, 성경구절을 인용하는 것이 아니라 성경의 정신, 성경의 가르침이 녹아 있는 삶이다. 생각 속에, 감성 속에, 말 속에, 행동 속에 성경적인 세계관, 성경적인 가르침이 녹아 있는 삶이다.

이외에도 "성장 발달하도록 한다" 또는 "계획적이고, 조직적이며, 지속적인 노력이 필요하다"와 같은 중요한 개념들을 포함하고 있다. 결론적으로 기독교교육은 그리스도를 닮은 신앙적 삶의 스타일을 형성하는 것이라 할 수 있다. 내면적인 신앙이 외형적인 삶의 스타일로 드러나도록 해야 한다. 이럴 때 겉과 속이 같은 그리스도인, 신앙인이 될 수 있다. 그리스도를 닮은 신앙적인 삶의 스타일. 이것이야말로 기독교교육이 기대하고 목표하는 바다.

3. 신앙교육으로써의 기독교교육

이처럼 교회교육이란 '신앙을 형성하는 활동'이다. 따라서 교육이 변화를 지향하는 활동이라고 했을 때, 기독교교육에서 지향하는 변화는 다름 아닌 신앙의 사람으로 변화하는 것이다. 사람들로 하여금 신앙을 갖도록 하고, 그 신앙이 점점 자라 더욱 성숙한 신앙의 사람으로 자라가도록 변화시키는 것이다. 즉 신앙이 없는 사람은 신앙을 갖도록 변화시키고, 신앙이 있는 사람은 그 신앙이 점점 더 자라가도록 변화시키고, 신앙이 잘못되어 있다면 바른 신앙을 갖도록 변화시키고, 신앙이 식어 있다면 신앙을 회복하도록 변화시키는 것이 기독교교육이다.

우리는 기독교교육을 통해 전도를 못하는 학생이 전도에 열심을 내도록 변화시키고, 기도하지 못하는 학생이 기도하는 학생이 되도록 변화시키고자 한다. 이기적이고 탐욕적인 사람을 이타적이고 섬기고 베풀 줄 아는 사람으로 변화시키고자 한다. 자기밖에 생각할 줄 모르던 사람이 이웃을 생각할 줄 알고 더 나아가 사회와 창조세계까지도 생각하고 배려할 줄 아는 사람으로 변화하도록 하고자 한다.

이처럼 기독교교육은 믿음이 없던 사람은 믿음을 갖게 하고, 믿음을 가진 사람은 더 잘 믿게 하고, 잘못된 믿음을 가진 사람은 바른 믿음을 갖도록 하는 교육적 노력이다.

기독교교육에서는 학생들의 신앙형성을 돕기 위해 여러 가지 다양한 활동과 방법을 개발해 활용한다. 예배를 드리고, 성서학습을 제공하고, 숙박을 하면서 수련회를 하기도 하고, 함께 여행을 떠나기도 한다. 또 학생을 찾아가 교제를 나누기도 하고, 필요한 경우에는 깊은 상담을 하기도 한다. 학생들의 이름을 불러가면서 기도하고, 전화를 걸기도 하고, 문자 메시지를 보내기도 하고, 이메일을 통해 보다 긴 메시지를 전달하기도 한다.

이 모든 활동의 목적은 학생으로 하여금 신앙을 갖게 하고 신앙 안에서 자라가도록 돕고자 하는 데 있다.

제5장

신앙에 대한 탐구

어느 주일 아침, 교회학교 유치부에서 있었던 일이다. 그날의 주제는 '전도'였다. 선생님은 어린이들에게 전도에 관해 열심히 가르쳤다. "친구들에게 전도합시다!" "예!" 이렇게 성경공부는 은혜롭게 끝나는 듯했다. 그때 깜찍하게 생긴 아이가 "저기요!" 하면서 손을 들었다.

그러고는 선생님에게 물었다. "근데요, 전도가 뭐예요?"

"……"

어느 교회에서는 이런 일이 있었다. 성도들이 모여 대화를 나누고 있었다. 그날의 화제는 믿음이었다. 한 사람이 봉사를 열심히 하는 집사님을 지칭하며 "○○○ 집사님은 믿음이 참 좋아!"라고 말했다. 그러자 다른 사람이 성경공부를 열심히 하고 성경을 많이 아는 분을 가리키며 "○○○ 집사님도 믿음이 참 좋아!"라고 했다. 이번에는 밤낮으로 기도를 열심히 하는 분을 가리키며 "○○○도 믿음이 너무 좋아!"라고 했다. 대화 자리에 함께 있던 믿음생활을 막 시작해 믿음이 어린 한 성도는 이런 생각이 들었다. "믿음이 뭐지? 어떤 게 믿음이 좋은 거지?"

기독교교육은 신앙을 형성하는 것이다. 기독교교육을 통해 사람들이 신앙을 형성하도록 돕고자 한다면, 먼저 신앙이 무엇인가를 생각해보아야 한다. 신앙이 무엇인지를 알지 못하고는 신앙을 형성할 수가 없다. 신앙이 무엇인지를 알아야 신앙을 형성하는 교육을 할 수 있기 때문이다.

신앙이 무엇인지 알려면 먼저 왜 신앙이 필요한지 물어야 한다. 우리에게 신앙이 왜 필요한지 알면, 신앙이 무엇인지 아는 데 도움이 된다. 신앙이 왜 필요한지에 대해 알기 위해서는 인간이 어떤 존재인지, 인간이 처해 있는 처지가 어떠한지에 대해 알아야 한다. 따라서 인간의 처지에 대한 기본적인 물음에서부터 신앙에 대한 탐구를 시작하고자 한다.

1. 기본적인 물음

그럼 이제부터 "인간은 어떤 존재인가?" "인간에게 신앙은 왜 필요한가?"에 관해 살펴보자. 이는 신학적 인간학의 문제다. 인간은 고귀하고 대단한 존재다. 하나님이 그분의 형상을 닮도록 창조한 피조물이기에 그 능력이 대단한 것은 그리 놀랄 것도 아니다. 지극히 당연한 일이다. 인간이 이루어놓은 물질문명이나 정신문화를 살펴보면 놀랍기만 하다. 우리는 인간이 이루어놓은 수많은 업적을 얼마든지 열거할 수 있다. 과학기술, 철학, 예술 등 인간의 능력은 위대하다.

하지만 인간이 대단하다고 해서 인간이 완전한 것은 아니다. 인간은 불완전하다. 인간은 위대하지만 불완전하다. 인간은 위대하면서 동시에 많은 문제를 안고 있다. 인간이 안고 있는 문제는 죽음, 질병, 분쟁, 욕심, 부조리, 허무감, 인간성의 상실 등 한두 가지가 아니다.

인간은 영원불멸에 대한 소망을 갖고 있다. 수많은 미이라, 부장품 등을 통해 쉽게 확인할 수 있다. 하지만 아직도 인간은 죽음을 넘어서지 못한다. 끊임없이 만들어지고 변형되는 질병의 공격으로부터 자유롭지 못하다. 욕심과 분쟁, 분규, 전쟁의 소리는 끊일 날이 없다. 더 욕심을 부리고, 더 가지려고 싸운다. 새로운 법과 제도를 만들어내지만 모순과 부조리의 사슬을 끊어낼 수가 없다. 그렇게 많은 것을 소유하고 누리면서도 만족을 느끼지 못하고 행복을 느끼지 못한다. 오히려 점점 더 허무의 늪으로 빠져들기만 한다. 인간을 위해 만든 문명과 인간이 만든 문화가 인간성의 상실을 초래하고, 갈등을 부추긴다.

인간은 위대하다. 동시에 불완전하다. 인간은 자신의 문제를 스스로 해결할 수가 없다. 해결하려고 하면 할수록 더 미궁으로 빠져들 뿐이다. 교육이나 제도의 개선 등을 통해 어느 정도 상태를 호전시키는 듯하지만 오래가지 못한다. 근본적인 처방이 되지 못한다. 겉으로는 화려하고 대단한 뭔가를 이룬 것 같지만 속으로는 허무와 허탈, 부조리와 모순에 실망한다. 이것이 인간이요, 인간이 처한 처지다.

1) 타락한 본성

인간은 왜 이런 처지에 처하게 되었는가? 성경은 그 원인을 죄에서 찾는다. 인간이 이런 불만족스럽고 불행한 상황에 처하게 된 것은 죄 때문이다. "모든 사람이 죄를 범하였으매 하나님의 영광에 이르지 못하더니"(롬 3:23). 죄는 고귀하고 대단한 인간이 어떻게 해서 불행한 상태에 놓이게 되었는지 밝혀주는 열쇠다.

성경에서 죄는 인간 불행의 원인이다. 인간은 죄로 말미암아 타락한 본성에 빠지게 되었다. 아담과 하와의 범죄 이후, 죄에 빠진 인간은 타락한 본성, 부패한 본성을 갖게 된 것이다(롬 1:29–32). 이 타락한 본성은 우리 속에 악한(evil) 본성과 약한(weakness) 본성의 모습으로 자리 잡고 있다. 불의, 탐욕, 악의, 시기, 살인, 분쟁, 악독, 무정, 무자비 등은 우리가 가진 악한 본성이다. 또 의심, 불신, 자기연민, 자학, 원망, 불평, 시기, 질투, 음란 등은 우리가 가진 약한 본성이다.

사람은 악하다. 교활하고 영악하며 시기하고 질투한다. 파괴적이고 폭력적이며 욕심이 끝이 없다. 성경은 여러 이야기를 통해 사람이 어디까지 악해질 수 있는지, 어디까지 망가지고 파괴될 수 있는지를 여실히 보여준다. 너무 악하다. 또한 사람은 약하다. 조그만 일에도 쉽게 상처받고 삐치고 의심한다. 툭하면 불평하고 원망하며 남 탓하고 핑계를 댄다. 그런가 하면 너무 쉽게 유혹에 넘어가고 무너진다. 편하고 쉬운 것만 좋아한다. 너무 약하다.

이처럼 사람은 악하고 약하다. 이것들은 부패하고 타락한 본성, 곧 죄성에서 나온 것이다. 이런 타락한 본성의 뿌리가 얼마나 깊은지 사람의 힘으로는 근본적인 치료를 할 수가 없다. 악하고 약한 모습들은 겉으로 드러나는 현상일 뿐이다. 이런 현상들은 죄에 그 뿌리를 두고 있다. 따라서 죄를 해결하지 않고는 이런 현상을 근본적으로 고칠 수가 없다. 악하고 약한 본성들이 뿌리를 두고 있는 죄는 사람의 노력이나 힘으로 해결할 수 없다. 그 뿌리가 너무 깊고 그 성격이 너무 강하기 때문이다.

오래전 태백에 있는 예수원을 방문한 적이 있다. 노동에 참여하면서 큰 나무의 뿌리를 제거하는 작업을 했다. 나무의 뿌리가 얼마나 깊고 광범위하게 퍼져 있는지 파고 파도 끝이 없었다. 오전이면 끝날 것 같았던 작업은 오후까지 이어졌다. 오랜 사투(?) 끝에 우리는 어느 지점에서 톱으로 뿌리를 잘라버리기로 했다. 그리고 나서야 가까스로 뿌리 제거 작업을 끝낼 수 있었다. 결과적으로 우리는 뿌리의 완전 제거에 실패한 것이다.

죄의 뿌리는 이에 비할 수 없다. 죄의 뿌리는 깊다. 죄의 뿌리는 광

범위하다. 죄는 견고하다. 오죽했으면 하나님 자체이신 예수 그리스도가 십자가에서 죗값을 치르고 죽으심으로 비로소 우리의 죄를 해결할 수 있었다. 죄의 뿌리는 이만큼 깊은 것이요, 죄로 인해 타락한 본성의 뿌리 또한 그만큼 깊은 것이다.

교회교육은 죄로 인해 갖게 된 타락한 본성과의 끊임없는 싸움이다. 타락한 본성인 악한 본성과 약한 본성을 고쳐 온전한 모습으로 변화시키기 위해서는 먼저 죄의 실체를 바로 알아야 한다. 신앙이 무엇인지를 탐색하는 우리에게 죄는 반드시 해결해야 할 문제요, 넘어야 할 산이다. 신앙은 죄를 해결하고 타락한 본성을 회복하는 길이다. 따라서 신앙이 무엇인지 알기 위해서는 먼저 죄가 무엇인지 살펴보아야 한다. 죄로 인해 파괴된 것을 회복하는 것이 신앙이기 때문이다.

2) 죄란?

로마서 1장은 복음의 서곡인 동시에 죄악에 대한 고발장이다. 로마서 1장 18절에서 시작된 죄에 대한 고발은 3장 18절까지 이어진다. 우리는 이 말씀을 통해 죄의 성격, 죄의 영향, 죄의 결과 등에 대해 알 수 있다. 로마서 1장에 따르면 죄는 '하나님과의 단절과 하나님에 대한 무지'로 설명된다.

(1) 죄, 하나님과의 단절

"악이란 다름 아닌 하나님 없이도 우리는 살 수 있다고 생각하는 것이다"(에밀 브룬너, 47). 죄는 곧 하나님과 관계가 끊어진 상태, 관계가 깨어진 상태다. 하나님과 우리 사이의 단절, 이것이 죄의 상태다. 하나님과 관계 맺기를 거부하는 것이 죄다. 하나님 안에 살고 우리의 하나님과 더불어 사는 것을 거부하는 것이 곧 죄다. 하나님과의 관계가 깨어지면서 우리의 다른 모든 관계에도 파멸이 오게 되었다. 자기 자신과의 관계도 깨어지고, 다른 사람과의 관계도 깨어지고, 자연과의 관계도 깨어지게 되었다. 관계의 단절, 이것이 곧 죄의 상태다.

인간은 범죄함으로 말미암아 하나님이 지으신 에덴동산에서 쫓겨났다. "여호와 하나님이 에덴동산에서 그를 내보내어 그의 근원이 된 땅을 갈게 하시니라"(창 3:23). 이후 인간의 삶의 모습을 성경은 이렇게 기록하고 있다. "아담에게 이르시되 네가 네 아내의 말을 듣고 내가 네게 먹지 말라 한 나무의 열매를 먹었은즉 땅은 너로 말미암아 저주를 받고 너는 네 평생에 수고하여야 그 소산을 먹으리라 땅이 네게 가시덤불과 엉겅퀴를 낼 것이라 네가 먹을 것은 밭의 채소인즉 네가 흙으로 돌아갈 때까지 얼굴에 땀을 흘려야 먹을 것을 먹으리니 네가 그것에서 취함을 입었음이라 너는 흙이니 흙으로 돌아갈 것이니라 하시니라"(창 3:17-19).

이와 같은 인간의 처지를 로마서 1장은 아주 자세하게 소개한다(롬 1:24-32). 인간은 죄로 말미암아 이런 끔찍한 상황에 처하게 된 것이다. "모든 사람이 죄를 범하였으매 하나님의 영광에 이르지 못하더니"(롬 3:23).

하나님은 이렇게 깨어진 관계를 회복하기 위해 예수 그리스도를 이 땅에 보내셨다. 예수 그리스도는 십자가에서 우리의 죄를 대신 지고 죽으심으로 회복 즉 구원의 길을 여셨다. 그리고 부활하심으로 우리에게 영원한 생명의 길을 여셨다. 예수 그리스도를 믿음으로 말미암아 우리는 하나님의 구원에 참여하게 된다. "곧 예수 그리스도를 믿음으로 말미암아 모든 믿는 자에게 미치는 하나님의 의니 차별이 없느니라"(롬 3:22).

하나님과 끊어진 관계를 회복하기 위해 우리에게 필요한 것은 신앙(믿음)이다. 우리는 예수 그리스도를 믿음으로 하나님의 구원에 참여하게 된다. 우리는 예수 그리스도를 믿음으로 우리 인간이 갖고 있는 모든 문제를 해결할 수 있는 길을 찾게 된다. 이처럼 신앙은 우리가 갖고 있는 실존적인 문제를 해결하는 근본적인 열쇠다.

성경은 우리에게 말한다. "주 예수를 믿으라 그리하면 너와 네 집이 구원을 받으리라"(행 16:31). 여기서 말하는 구원은 문제의 해결을 얻는다는 의미다. 예수 그리스도를 믿으므로, 신앙하므로 구원을 얻는다. 우리를 괴롭히는 실존적인 문제가 해결되고 해방의 기쁨을 누리게 된다.

우리는 신앙 안에서 구원을 얻는다. 죽음을 이긴다. 신앙 안에서 질병을 이기고 욕심을 다스린다. 삶의 모순과 부조리를 극복하고, 삶의 참된 의미를 찾음으로써 허무감을 이기게 되는 것도 바로 신앙을 통해서다. "복음에는 하나님의 의가 나타나서 믿음으로 믿음에 이르게 하나니 기록된 바 오직 의인은 믿음으로 말미암아 살리라 함과 같으니라"(롬 1:17). 이처럼 인간의 문제를 해결하는 데 결정적으로 필요한 것이 신앙(믿음)이다.

(2) 죄, 하나님에 대한 무지

"이는 하나님을 알 만한 것이 그들 속에 보임이라 하나님께서 이를 그들에게 보이셨느니라 창세로부터 그의 보이지 아니하는 것들 곧 그의 영원하신 능력과 신성이 그가 만드신 만물에 분명히 보여 알려졌나니 그러므로 그들이 핑계하지 못할지니라"(롬 1:19-20). 하나님이 보여주시고 알려주셨으나 받아들이지 않으므로 하나님에 대해 무지한 상태가 되었다는 말이다.

오히려 하나님께 돌려야 할 영광을 다른 것, 즉 우상에게 돌리고 심지어 그 영광을 우상으로 바꾸기도 한다. "하나님을 알되 하나님을 영화롭게도 아니하며 감사하지도 아니하고 오히려 그 생각이 허망하여지며 미련한 마음이 어두워졌나니 스스로 지혜 있다 하나 어리석게 되어 썩어지지 아니하는 하나님의 영광을 썩어질 사람과 새와 짐승과 기어다니는 동물 모양의 우상으로 바꾸었느니라"(롬 1:21-23).

죄는 하나님에 대한 무지요, 하나님에 대한 왜곡된 지식이다. 하나님이 아니라 우상을 하나님으로 알고 섬기는 것이다. 죄는 마음에 하나님 두기를 거부하는 것이다. 죄는 지식에 하나님 두기를 싫어하는 것이다. "또한 그들이 마음에 하나님 두기를 싫어하매 하나님께서 그들을 그 상실한 마음대로 내버려 두사 합당하지 못한 일을 하게 하셨으니"(롬 1:28).

난외주는 '마음에'를 '지식에'로 읽을 수도 있다는 것을 보여준다. 죄는 하나님을 아는 지식을 거부하는 것이다. 하나님을 하나님이라고 부르기를 거부하는 것이다. 하나님을 하나님이라고 인정하기 싫어하는 것이다. 그래서 사람들은 여호와 하나님이라는 이름 대신 모호한 이름을 붙인다. '제 1원인' '궁극적 존재(Ultimate Being)' '어떤 위대한 존재(Something Great)' '절대자' 등 모호한 이름으로 부르며 하나님을 하나님으로 인정하지 않으려 한다. 지식에 하나님 두기를 싫어하는 것이다. 죄는 하나님에 대한 무지다.

하나님에 대한 이런 무지는 우리 삶을 미련하게 만들고 파괴시킨다. 헛된 것을 섬기게 만들고, 헛된 것에 집착하게 만들고, 헛된 것에서 만족을 찾게 만든다(롬 1:24-27). 결국 하나님에 대한 무지는 우리의 삶을 왜곡시키고 타락시키며 파괴시킨다. 호세아는 하나님에 대한 무지가 얼마나 무섭고 파괴적인 결과를 가져오는지 정확하게 지적하고 있다.

"이스라엘 자손들아 여호와의 말씀을 들으라 여호와께서 이 땅 주민과 논쟁하시나니 이 땅에는 진실도 없고 인애도 없고 하나님을 아는 지식도 없고 오직 저주와 속임과 살인과 도둑질과 간음뿐이요 포악하여 피가 피를 뒤이음이라 그러므로 이 땅이 슬퍼하며 거기 사는 자와 들짐승과 공중에 나는 새가 다 쇠잔할 것이요 바다의 고기도 없어지리라"(호 4:1-3).

하나님에 대한 이러한 무지를 깨우치기 위해 예수 그리스도가 이 땅에 오셨다. 예수 그리스도는 우리에게 하나님을 보여주는 계시 그 자체이시다. 우리는 예수 그리스도를 통해 하나님을 본다(요 1:18, 14:9). 우리는 예수 그리스도를 통해 하나님을 알 수 있다. 우리는 예수 그리스도를 통해 비로소 하나님을 아는 지식에 이를 수 있다. "깊도다 하나님의 지혜와 지식의 풍성함이여, 그의 판단은 헤아리지 못할 것이며 그의 길은 찾지 못할 것이로다 … 이는 만물이 주에게서 나오고 주로 말미암고 주에게로 돌아감이라 그에게 영광이 세세에 있을지어다 아멘"(롬 11:33, 36).

예수 그리스도 외에는 하나님을 알 길이 없다. 이제 처음 우리가 가졌던 질문인 "신앙이란 무엇인가"로 돌아가보자.

2. 신앙에 대한 이해

1) 신앙, 하나님과 관계 맺기

죄가 하나님과의 관계 단절이라면 신앙이란 하나님과 관계 맺기다. 신앙은 하나님과 깨어진 관계를 회복하는 것이다. 우리는 믿음을 가짐으로써 하나님과의 깨어진 관계를 복원한다. 하나님과 우리 사이의 끊어진 길이 연결되고 끊어진 소통이 회복된다. "믿음이 없이는 하나님을 기쁘시게 하지 못하나니 하나님께 나아가는 자는 반드시 그가 계신 것과 또한 그가 자기를 찾는 자들에게 상 주시는 이심을 믿어야 할지니라"(히 11:6).

신앙이란, 하나님과 관계 맺기다. 믿음을 통해 하나님과의 관계를 회복하면 깨어져 있던 다른 모든 관계에서도 회복이 일어나기 시작한다. 우리 믿음의 주이신 예수 그리스도는 우리의 화해자가 되시기 때문이다. "그는 우리의 화평이신지라 둘로 하나를 만드사 원수 된 것 곧 중간에 막힌 담을 자기 육체로 허시고"(엡 2:14).

이런 예수 그리스도의 화해를 통한 관계 회복은 모든 관계 맺기의 기반이 된다. 하나님과 관계 맺기가 성공적으로 이루어지면 자기 자신과의 화해도 이루어진다. 또한 다른 사람과도 화해하게 되며, 하나님의 창조세계인 자연과도 관계가 회복된다. 따라서 관계는 공동체적이고 역사적인 성격을 갖는다. 즉 관계의 확장이다. 확장성을 잃어버린 관계는 이기주의의 늪에 빠지게 된다. 바른 관계 맺기는 확장성을 갖는다.

이 모든 관계의 기반이 되는 것이 하나님과 관계 맺기다. 결국 신앙이란 하나님과의 관계 맺기요, 관계의 확장이다. 신앙은 하나님과의 관계 맺기를 통한 세상과의 관계 맺기다.

신앙은 구원의 길이다. 또한 신앙은 세상을 살아가는 지혜요, 능력이다. 세상은 관계 맺기, 연결하기의 시대다. SNS(Social Networking Service)로 대변되는 지금의 세상은 관계 맺기의 시대다. 연결하는 자만이 살아남는다고 할 정도로 모두 관계 맺기에 혈안이 되어 있다. 여기에는 인터넷이나 스마트폰과 같은 첨단 미디어를 기반으로 한 트위터, 페이스북, 카카오톡, 메신저 등과 같은 연결 앱의 발달이 큰 몫을 담당하고 있다. 거기에 어딘가 혹은 누군가에게 연결되고 싶어 하고 또 연결하고 싶어 하는 욕구가 잘 결합된 것이다.

신앙이 하나님과의 관계 맺기를 통한 세상과의 관계 맺기라고 할 때, 신앙은 구원의 길이요 세상을 살아가는 지혜요, 능력이 된다. 하나님과 관계 맺기를 기반으로 세상－다른 사람, 사회, 역사, 자연, 세계, 우주－과 관계 맺기를 확장시켜가는 것이 믿음생활이다. 여기에 기독교교육의 사명이 있고, 힘이 있다.

기독교교육은 신앙을 형성하는 교육이다. 신앙이란 하나님과 깨어져 있던 관계를 회복함으로써 우리의 삶을 회복하는 열쇠다. 기독교교육은 학생들로 하여금 하나님과 관계를 회복하고, 그 관계를 더욱 발전시켜가도록 돕는 활동이다. 뿐만 아니라 하나님과 회복된 그 관계가 우리 삶의 전 방향으로 퍼져 모든 관계를 회복해가도록 돕는 것이다. 기독교교육은 자신과의 관계를 회복하도록 돕는다. 또한 가족이나 이웃과의 관계를 회복하도록 돕는다. 더 나아가 국가, 세계, 역사, 자연과의 바른 관계를 모색하도록 도전함으로써 관계의 확장을 돕는다.

이처럼 신앙형성은 곧 하나님과의 관계형성이다. 하나님 안에서의 관계형성이다. 그리고 하나님과의 관계성을 기반으로 한 세상으로의 관계성이다. 이 관계성이라는 요소는 앞으로 우리가 신앙의 요소를 이해하는 데 중요한 요인이 된다.

2) 신앙, 하나님 알기

죄가 하나님에 대한 무지라면 신앙이란 하나님에 대한 지식을 아는 것이다. 우리는 앞에서 신앙이 하나님과의 관계 맺기라는 점을 살펴보았다. 바른 관계는 바른 앎에 기초한다. 상대를 모르고 바른 관계를 맺을 수 없다. 알아야 사랑할 수 있다. 알아야 관계를 맺고 그 관계를 더욱 발전시켜갈 수 있다. 따라서 신앙이 곧 '하나님과 관계 맺기'라고 했을 때, 이러한 관계 맺기는 '하나님 알기'를 전제로 하는 것이다.

신앙은 하나님에 대한 지식을 쌓아가는 과정이다. 하나님에 대한 지식이 자랄수록 신앙은 자란다. 하나님에 대한 지식의 성장 없이 신앙은 자랄 수 없다. 하나님을 아는 지식보다 더 고상한 지식은 없다. "또한 모든 것을 해로 여김은 내 주 그리스도 예수를 아는 지식이 가장 고상하기 때문이라 내가 그를 위하여 모든 것을 잃어버리고 배설물로 여김은 그리스도를 얻고 그 안에서 발견되려 함이니 내가 가진 의는 율법에서 난 것이 아니요 오직 그리스도를 믿음으로 말미암은 것이니 곧 믿음으로 하나님께로부터 난 의라"(빌 3:8-9).

바울 사도가 고백한 예수 그리스도를 아는 지식은 곧 하나님을 아는 지식이다. 우리가 가질 수 있는 가장 고상한 지식은 곧 하나님을 아는 지식이다. 우리가 가진 모든 지식은 하나님을 아는 지식을 통해 완성된다. 하나님을 벗어난 지식, 하나님에 대해 무지한 지식은 사람을 파멸로 이끈다(롬 1:21-32). 하나님을 벗어난 지식은 아무리 화려하고 현란하며 사람의 정신을 고양시킬지라도 사람을 구원하는 데까지 나아가지 못한다. 이것이 하나님을 떠난 사람의 지식, 세상의 지식이 갖는 한계다. 대단한 지식이고 대단한 학문이지만 하나님께 이르지 못한다. 우리를 구원에 이르게 하지 못한다.

하나님을 아는 지식만이 우리를 구원에 이르게 한다. 그러므로 구원에 이르는 믿음은 곧 하나님을 아는 지식과 직결된다. 따라서 기독교는 역사적으로 신앙을 하나님을 아는 지식으로 이해해왔다.

믿음이 하나님을 아는 지식과 직결된다는 것은 중요한 의미를 갖는다. 기독교적 신앙은 하나님을 아는 지식에 근거한다. 즉 믿음은 알고 믿는 것이다. 모르고 믿는 것은 믿음이 아니라 미신이다. 하나님은 우리가 하나님을 알지 못하면서 믿는 것을 원하지 않으신다. 그래서 말씀을 통해 우리에게 계시해 알려주셨다. 말씀을 통해 무엇을 믿는지, 어떻게 믿는지를 알고 믿으라는 것이다.

알고 믿는 것이 믿음이다. 올바른 믿음은 무엇을 믿는지, 어떻게 믿는지, 믿으면 어떻게 되는지 등을 알고 믿는 것이다. 하나님이 어떤 분인지, 하나님이 원하시는 것이 무엇인지 등을 알고 믿는 것이다. 누구를 믿는지, 왜 믿는지, 어떻게 믿는지, 믿으면 어떻게 되는지도 모르고 믿는다면 이건 미신이다. 하나님은 우리 믿음이 바른 지식에 근거하기를 원하신다.

여기서 하나님을 안다는 것은 무엇인가? 일반적으로 '안다'라는 것은 '기억하는 것' '이해하는 것'을 가리킨다. 하지만 하나님을 안다는 것은 하나님을 기억하는 것 이상이다. 하나님을 아는 것은 하나님을 경험하는 것이다. '안다'를 가리키는 히브리어 '야다'는 경험으로 아는 것을 의미한다. 머리로, 지식적으로 아는 것만으로는 부족하다. 하나님을 안다는 것은 기억하고 이해하는 것을 뛰어넘는다. 경험적인 앎이요, 체험적인 앎이다. 이처럼 신앙으로서의 앎이란 인격적인 만남을 통한 앎이요, 삶에서 경험하는 앎이다.

하나님에 대한 앎은 다양한 형태로 나타난다. 박상진 교수는 개혁신학자들의 신앙이해를 살피면서 신앙을 '하나님 알기'로 정의한다. 그리고 신앙에 대한 니이버의 이해를 받아들여, 신앙의 4가지 특성으로 인격적인 앎(personal knowing), 공동체적 앎(communal knowing), 상상적 앎(imaginative knowing), 참여적 앎(participatory knowing)을 들고 있다(박상진, 55). 신앙의 성격에 대한 이러한 논의는 신앙을 위한 기독교교육을 위해 아주 중요한 작업이다.

기독교신앙에서 앎은 삶과 직결된다. 신앙에서 앎은 삶이다. 삶으로 드러나지 않는 앎은 무기력하다. 삶으로 표현되지 않는 앎은 성숙하지 못한 앎이다. 하나님에 대한 앎은 하나님에 대한 삶으로 표현된다. 그러므로 신앙에서 앎과 삶은 하나다. 분리될 수 없는 것이다. 앎과 삶은 겉과 속이요, 동전의 양면과 같다. 기독교 신앙에서는 앎이 삶이 되고 또한 삶이 앎에 영향을 미친다.

이처럼 하나님에 대한 지식은 내면과 외연의 형태로 드러난다. "내면적 앎이 어떤 모습으로 외연적 삶이 되느냐" 또한 "외연적 삶이 어떻게 내면적 앎에 영향을 미치느냐" 하는 것은 신앙교육을 위해 중요한 문제다. 이는 다음에서 살펴볼 신앙의 요소를 설명하는 데 결정적인 요인이 된다.

제6장

신앙의 구성요소

우리는 앞에서 기독교교육이 신앙을 형성하는 교육임을 살펴보았다. 그리고 기독교교육에서 형성하려고 하는 신앙이란 무엇인지에 대해서도 살펴보았다. 이제 우리가 생각해보고자 하는 것은 "신앙을 구성하고 있는 요소는 무엇인가" 하는 것이다.

신앙의 구성요소는 무엇인가? 이 물음은 우리가 신앙교육을 위해 사용하는 기독교적인 교육법이나 교수법을 논하기 전에 꼭 거쳐야 할 질문이다. 기독교교육은 학생들로 하여금 바람직한 신앙을 형성하도록 돕는 활동이라고 했다. 그렇다면 우리가 형성하고자 하는 신앙이라는 것이 무엇으로 구성되어 있는지를 밝히는 것은 피할 수 없는 과제다. 우리가 형성하려는 것이 무엇인지 알아야 그것을 형성하는 데 사용할 적합한 방법을 찾아낼 수 있다.

신앙을 구성하는 요소가 무엇인지도 모른 채 신앙을 형성하는 교육방법을 논할 수 있을까? 불가능한 일이요, 논의 자체가 무의미한 일이다. 신앙이 무엇인지도 모른 채 신앙을 형성하는 교육을 할 수는 없는 노릇이다. 무엇을 잡을지도 모르면서 어망을 준비할 수는 없다. 무엇을 잡느냐에 따라 거기에 적합한 어망을 준비해야 한다. 연어를 잡을 것인지, 오징어를 잡을 것인지, 게를 잡을 것인지, 고래를 잡을 것인지를 알아야 거기에 맞는 장비를 장만할 수 있다. 오징어잡이에 쓰는 그물로 고래를 잡을 수는 없다.

이처럼 신앙이 어떤 요소들로 구성되어 있는지를 먼저 살펴보면 보다 적절한 교육방법을 찾아낼 수 있게 된다. 따라서 방법을 찾기 전 먼저 신앙이 어떤 요소들로 구성되어 있는지 생각해보아야 한다. 이를 위해 신앙이 무엇인지에 관해서는 앞에서 이미 다루었다. 신앙은 하나님과의 관계를 회복하는 것이며 또한 하나님을 알아가는 것임을 살펴보았다. 그리고 하나님과의 관계회복을 기반으로 사람과의 관계, 자연과의 관계까지도 포함한 모든 관계를 회복시켜가는 것이 신앙임을 살펴보았다. 또한 내면화된 하나님을 아는 지식이 외연으로 표현되는 것이 건강한 신앙의 모습임을 살펴보았다.

이제 우리는 이런 신앙의 성격을 토대로 신앙의 구성요소에 관해 살펴보고자 한다. 신앙의 요소들을 알면 각각의 요소에 맞는 구체적인 교육방법이나 교수방법을 생각해낼 수 있을 것이다.

신앙은 여러 요소들로 구성되어 있다. 이에 대해 루이스 벌코프(L.

Berkhof)는 이렇게 지적한다. "신앙은 인간 전체의 행위다. 이것은 영혼의 행위이기 때문에 단순해보일지라도, 자세히 조사해보면 오히려 정교하고 복잡한 것을 알 수 있다. 신앙을 이루는 여러 요소들을 구분해서 생각해야 한다"(루이스 벌코프, 222).

신앙의 구성요소에 대한 논의는 오랜 역사를 갖고 있다. 종교개혁가들이 "오직 믿음으로(sola fide)"라는 기치를 내걸고 성경적 구원관을 설파한 이래, 신앙에 대한 연구는 신학연구의 중요한 주제가 되었다. 신앙이 무엇인지, 신앙의 구성요소가 무엇인지에 대해 많은 신학자의 연구가 이루어졌다. 기독교교육학에서도 여러 학자들에 의해 신앙의 구조 내지는 신앙의 구성요소에 대한 연구가 이루어졌다.

1. 앞서 이루어진 연구들에 대한 개관

조직신학자인 루이스 벌코프는 신앙이 지적 요소(지식), 감정적 요소(동의), 의지적 요소(신뢰)로 이루어졌다고 했다. 벌코프의 이런 제안은 종교개혁 시대에 루터를 도와 개혁운동을 이끌었던 멜랑히톤의 주장과 통한다. 멜랑히톤은 「기독교 개요(Loci Communes)」에서 지식(notitia), 인정(assensus), 신뢰(fiducia) 등 이 3가지를 신앙의 핵심적인 구성요소로 꼽았다. 여기서 말하는 '지식'이란 하나님이 누구신지 아는 것이며, '인정'은 하나님이 계심을 믿는 것이며, '신뢰'는 지식과 인정 위에서 하나님과 인격적인 관계를 맺고 그분께 의지해 사는 것을 가리킨다.

기독교교육학자인 사라 리틀(S. Little)은 「To Set One's Heart」에서 '신앙(faith)'이라는 단어 대신 '신념(belief)'이라는 단어를 사용하며 신념과 관계된 요소를 정보처리과정, 집단상호작용, 간접의사소통, 인격발달, 행동과 반성 등 5가지로 제시하고 있다. 이것들은 서로 긴밀하게 연관되어 있다.

여기서 '정보처리과정'이란 신앙(신념)의 인지적 차원이며, '집단상호작용'은 신앙의 공동체성을 지시하는 개념이다. 또한 '간접의사소통'이란 이성적 통로나 지시적 가르침을 통해서가 아닌 실존적이고 주관적인 만남의 체험을 통해 얻게 되는 신앙의 측면을 가리킨다. '인격발달'은 신앙이 갖는 자아의식 형성과 인격발달의 측면을 지칭하는 것이며, '행동과 반성'이란 신앙의 의지적 측면과 행동적 측면을 말하는 것으로 행동과 반성의 상호작용, 즉 행동하면서 생각하고, 생각하면서 행동하는 측면을 의미한다.

리틀은 이 5가지의 요소를 생각하기(Thinking), 참여하기(Participating), 만나기(Encountering), 깨닫기(Becoming Aware), 행동하기(Doing)로 표현하며 각각의 영역에 필요한 교수모델들을 제시하고 있다.

신앙발달이론가로 널리 알려져 있는 제임스 파울러(J. Fowler)는 「신앙의 발달단계」에서 신앙을 구성하는 요소로 논리의 형태, 관점의 채택, 도덕 판단의 형식, 사회의식의 테두리, 권위의 장소, 세계관의 형태, 상징적 기능이라는 7가지 요소를 들었다.

여기서 '논리의 형태'는 신앙에서 사고와 이해에 관련된 부분이며, '관점의 채택'은 타인과의 관련성에서 타인의 입장과 관점을 이해하고 채택할 수 있는 능력을 의미한다. '도덕 판단'은 신앙이 갖는 도덕적, 윤리적 차원을 가리키고, '사회의식의 테두리'는 신앙적 판단을 하는 데 있어 준거 집단의 범위를 의미한다. '권위의 장소'란 판단에 의미를 부여하는 유용하고 적합한 근거를 어디에 두느냐 하는 것으로, 신앙의 요소에 전통적인 분류에 따른다면 지, 정, 의에서 '의'에 해당한다고 할 수 있다. '세계관의 형태'란 통일된 의미를 추구하고 유지하는 독특한 방식을 지칭하며, '상징적 기능'이란 상징들에 대한 인간의 반응 및 이해를 가리킨다. 그러고는 이 7가지 요소가 서로 함께 어우러져 신앙이 형성되어간다고 했다.

파울러의 이와 같은 주장은 니버(H. R. Niebuhr)의 유고적인 저서 「책임적 자아」로부터 많은 영향을 받은 것으로 알려져 있다.

토마스 그룸은 「기독교적 종교교육」에서 신앙을 지적인 차원 (believing), 정적인 차원(trusting), 행동적 차원(doing)으로 제시하고 있다. 그는 인간의 정신을 지, 정, 의라는 3요소로 나누는 전통적 인간 이해에 기반을 두고 신앙을 믿는 것과 신뢰하는 것, 행하는 것으로 설명한다. 이는 앞서 소개한 멜랑히톤의 견해와 궤를 같이 한다.

리차드 오스머(R. R. Osmer)는 「신앙교육을 위한 교수방법」에서 신학자 리차드 니버가 제시한 신앙의 입방체 개념을 수용해 신앙을 신념(belief), 관계(relationship), 헌신(commitment), 신비(mystery)라는 4가지 요소로 설명하고 있다. 더불어 이 4가지 요소 외에 순종, 하나님 사랑, 그리고 하나님 나라를 위한 봉사 등을 추가로 제시한다(오스머, 27-28).

이어서 오스머는 신앙을 구성하는 4가지 요소인 신념, 관계, 헌신, 신비를 위한 각각의 교수법들을 소개하고 있다.

이처럼 각 학자들의 주장을 살펴보면 신앙의 구성요소를 다루는 관점에 있어서 차이가 있음을 알 수 있다. 토마스 그룹은 인간의 인성론적인 관점에서 신앙을 설명하고 있으며, 오스머는 신앙이 어떤 내용으로 구성되어 있는가의 관점에서 신앙을 설명하고 있다. 한편 사라 리틀이나 제임스 파울러의 경우는 신앙이 갖고 있는 특성이라는 관점으로 신앙을 설명한다고 여겨진다.

신앙에 대한 선진학자들의 이런 연구들은 아주 유용하다. 신앙이 무엇이며, 신앙의 구성요소가 무엇인지를 알아가는 데 중요한 길잡이가 되기 때문이다. 여러 학자들의 이런 노력은 앞으로 우리가 신앙을 연구하고 교육하는 데 기초적인 자원이 되고 중요한 근거가 된다. 다만 아쉬운 점은 여러 학자들이 제시하는 구성요소들에 대한 근거가 분명하지 않다는 것이다.

'지, 정, 의' 3요소로 보는 관점은 희랍철학의 인성론에 뿌리를 둔 것이라 할 수 있다. 이 부분에 있어서는 희랍철학적 인성론이 기독교적 인성론이나 신앙이해에 무리 없이 사용될 수 있는지에 대한 논의가 필요하다. 또한 다른 학자들이 제시하는 신앙의 구성요소의 경우, 그 근거가 무엇인지를 드러내지 않고 있다. 성서신학적 근거인지, 조직신학적 근거인지, 아니면 통계적 근거인지 등이 확실하지 않다. 이런 점들은 더 많은 연구가 이루어져야 할 것이다.

2. 성경을 통해 살펴본 신앙의 구성요소

신앙의 구성요소를 알아보는 데는 무엇보다 먼저 성경을 살펴보는 것이 중요하다. 성경이 곧 신앙의 책이기 때문이다. 우리는 성경을 통해 신앙에 대해 사고하는 범주를 설정한 후, 그 범주들과의 상호관계 속에서 신앙의 구성요소들을 찾아보고자 한다.

앞에서 신앙이란 '하나님과 관계 맺기'이자 동시에 '하나님 알기'라는 것에 관해 살펴보았다. 신앙이 갖는 이러한 성격은 우리가 신앙의 구성요소를 찾아가는 데 중요한 길잡이가 된다.

이제 우리는 '하나님과의 관계 맺기'와 '하나님 알기'라는 신앙의 성격이 성경에서 어떻게 구체적으로 다루어지고 있는지 살펴보고자 한다. 이런 작업을 통해 우리는 신앙의 구성요소를 찾아내는 데 필요한 사고의 틀을 발견할 수 있다.

1) 신앙, 하나님과 관계 맺기 – 대신(對神)관계와 대인(對人)관계

우리의 일반적인 예상과 달리 구약성경에는 '믿음'이라는 단어가 아주 드물게 사용된다. 컴퓨터에 있는 성경검색 프로그램을 이용해 '믿음'이라는 단어를 찾아보면, 개역개정판을 기준으로 '믿음'이라는 단어가 단 3회 등장한다(삼상 14:33, 단 6:23, 합 2:4). 그리고 하나님과의 관계에서 사용되는 믿음과 관련이 있는 표현은 모두 17회 정도 나타난다. '믿지'(10회), '믿으니'(4회), '믿고'(2회), '믿으며'(1회), '믿으리라'(1회) 등으로 사용되고 있다. 반면 '지혜'라는 단어는 무려 351개의 구절에서 사용되고 있다. 따라서 구약에서 믿음은 곧 지혜를 의미함을 알 수 있다.

믿음은 지혜다. 그리고 지혜는 분별력이다. 그리고 우리는 구약성경을 읽으면서 '믿음–의심'이라고 표현할 것 같은 상황에서 '순종–불순종'으로 표현하는 경우를 쉽게 볼 수 있다(삼상 13:8–14). 말씀에 순종하는 것, 하나님의 명령을 지키는 것이 곧 하나님을 향한 믿음이었다. 구약성경에서 우리는 믿음이 분별력 있는 순종으로 표현되고 있는 것을 볼 수 있다. 그리고 하나님을 믿지 못하는 것은 율법에 대한 불순종으로 표현된다. 이러한 '순종하느냐–불순종하느냐'는 식의 표현은 곧 구약성경에서 말하는 '믿음'이 하나님과 바른 관계를 맺는 것임을 보여준다.

구약성경의 중심 주제 중 하나는 야훼신앙이다. 이 야훼신앙의 정수를 담고 있는 것이 바로 십계명이다. "여호와께서 그의 언약을 너희에게 반포하시고 너희에게 지키라 명령하셨으니 곧 십계명이며 두 돌판에 친히 쓰신 것이라"(신 4:13). 이 십계명은 야훼신앙의 대헌장이다. 십계명은 야훼신앙이 무엇인지를 가장 압축적이고 함축적으로 표현하고 있다. 따라서 십계명은 야훼신앙의 정수다. 구약의 율법은 바로 이 십계명에 대한 해석이라고 해도 과언이 아니다. 구약성경에서 신앙이 좋다는 것은 이 십계명을 근간으로 하여 율법을 준수하는 것과 직결된다.

그러므로 십계명이 신앙을 어떻게 표현하는지를 알아보면 신앙의 성격을 좀 더 구체적으로 설명할 수 있다. 우리가 잘 알고 있는 바와 같이 십계명은 크게 2가지 관계로 신앙을 표현하고 있다. 하나는 '하나님과 사람의 관계'(대신관계)요, 그 다음은 '사람과 사람의 관계'(대인관계)다. 하나님과 사람의 관계를 표현하고 있는 것이 1계명에서 4계명까지요, 사람과 사람의 관계를 표현하고 있는 것이 5계명에서 10계명까지다. 이처럼 십계명은 신앙을 하나님과의 관계와 사람과의 관계라는 2가지 관계성으로 표현하고 있다.

예수님도 한 서기관과 나눈 대화에서 신앙에 대해 살필 수 있는 말씀을 하셨다. 한 율법사가 예수님에게 물었다. "선생님, 율법 중에서 어느 계명이 크니이까?" 그러자 예수님이 대답하셨다. "네 마음을 다하고 목숨을 다하고 뜻을 다하여 주 너의 하나님을 사랑하라 하셨으니 이것이 크고 첫째 되는 계명이요 둘째도 그와 같으니 네 이웃을 네 자신 같이 사랑하라 하셨으니 이 두 계명이 온 율법과 선지자의 강령이니라"(마 22:37-40). 여기서 예수님은 '첫째는' 그리고 '둘째는'이라는 말씀을 통해 우리가 지켜야 할 계명이 하나님과의 관계와 사람과의 관계라는 2개의 축으로 구성되어야 함을 지적하고 계신다. 이것은 신앙이 하나님과의 관계와 사람과의 관계라는 2개의 축으로 구성되어 있음을 보여준다.

"누구든지 하나님을 사랑하노라 하고 그 형제를 미워하면 이는 거짓말하는 자니 보는 바 그 형제를 사랑하지 아니하는 자는 보지 못하는 바 하나님을 사랑할 수 없느니라. 우리가 이 계명을 주께 받았나니 하나님을 사랑하는 자는 또한 그 형제를 사랑할지니라"(요일 4:20-21). 이처럼 하나님을 알면 하나님을 사랑하게 되고, 하나님을 사랑하면 이웃을 사랑하게 된다. 우리는 예수님의 성장과정에 드러난 모습을 통해 하나님과의 관계와 사람과의 관계가 신앙적인 삶을 구성하는 2개의 축임을 알 수 있다. "예수는 지혜와 키가 자라가며 하나님과 사람에게 더욱 사랑스러워 가시더라"(눅 2:52).

이처럼 하나님과의 관계 맺기라는 신앙이 갖는 성격은 구체적으로는 하나님과의 관계 맺기와 사람과의 관계 맺기라는 2개의 축으로 구성되어 있음을 알 수 있다. 여기에 관해 에밀 브룬너(Emil Brunner)는 이렇게 설명하고 있다.

"계명들은 하나님과의 관계보다는 사람들과의 관계에 대해 더 말하고 있는 것이 아닌가? 계명에는 두 가지 종류 - 곧 하나님에 대한 우리의 책임과 사람들에 대한 우리의 책임을 말하는 계명이 있는 것이 아닌가? 하나님을 사랑하고 사람들을 사랑하는 계명으로 구별되는가? … 하나님은 다른 사람들과 더불어 살고 또 그들을 위해 살도록 하기 위해서 우리에게 삶을 허락하신 것이다. 하나님과 우리의 관계가 바로 서게 될 때 우리의 이웃과의 관계도 바로 서게 된다. … 그래서 이제는 하나로 귀결되는 한 계명 곧 '하나님을 사랑하고 네 이웃을 너와 같이 사랑하라'는 한 계명만이 있을 뿐이다"(에밀 브룬너, 47-48).

이와 같이 신앙이란 하나님과의 수직적 관계와 사람들과의 수평적 관계로 설명된다. 이 수직과 수평이 씨줄과 날줄이 되어 신앙적인 삶을 만들어낸다. 신앙은 하나님과의 관계요, 동시에 사람과의 관계다. 이 둘은 분리될 수 없으며 분리되어서도 안 된다. "하나님을 열정적

으로 사랑하면서 인간을 열정적으로 사랑하지 않는 것은 사실상 불가능하다"(스캇 펙, 15). 이 2가지가 분리될 때 신앙은 치명적인 손상을 입게 되고 하나님의 가르침을 떠나 탈선한 신앙이 된다.

하나님과의 관계와 사람과의 관계는 서로 분리된 것이 아니다. 신앙 안에서 하나님과의 관계와 사람과의 관계는 서로 유기적으로 맞물려 통합적 형태를 띠게 된다. 하나님과 우리 사이에 화목제물이 되심으로 하나님과 우리의 관계를 회복시켜주신 예수 그리스도의 십자가는, 신앙이 하나님과의 수직적 관계와 사람들과의 수평적 관계로 이루어져 있음을 상징적으로 보여주고 있다. 십자가는 관계를 회복하는 다리다. 그리고 우리는 십자가를 통해 이러한 관계가 어떻게 확장되어야 하는지를 알 수 있다.

신앙은 필연적으로 하나님과의 관계 맺기를 통해 사람과의 관계 맺기로 확장된다. 사람과의 관계 맺기로 확장되지 못하는 하나님과의 관계 맺기는 자칫 신비주의적 오류에 빠질 수 있다. 바른 신앙은 하나님과의 관계 맺기라는 견고한 터 위에 사람과의 관계 맺기라는 삶의 집을 짓게 된다. 따라서 우리가 지금 탐구하고 있는 신앙의 구성요소는 하나님과의 관계를 나타내는 요소들과 사람과의 관계를 나타내는 요소들로 구성되어 있다.

2) 신앙, 하나님 알기 – 내면과 외연

신앙은 하나님 알기다. 여기서 안다는 것은 알기만 하는 것이 아니라 아는 대로 실천(행동)하는 것까지 포함하는 앎이다. 알기는 아는데 행동으로 옮겨지지 않는다면 관념적인 앎이요, 무기력한 앎이다. 이는 성경이 가르치는 앎과 다르다. 성경이 가르치는 하나님 알기는 겉과 속이 일치하는 앎이다.

신약성경을 살펴보면 신앙에 대해 다룰 때 가장 중요하게 다루어지는 문제는 겉과 속 또는 속과 겉의 문제다. 예수님은 신앙의 문제를 다루시면서 일관되게 신앙의 내면과 외연의 조화 문제에 초점을 맞추셨다. 이는 하나님 알기로서의 신앙을 이해하는 데 아주 중요한 문제다. 예수님은 겉과 속이 일치하지 않는 신앙의 문제를 반복해서 지적하셨다. 즉 외식하는 신앙의 문제다.

이는 크게 2가지 형태로 나타난다. 첫째, 행동은 있으나 마음이 수반되지 못하는 경우다. 둘째, 마음에는 있으나 행동이 수반되지 못하는 경우다. 전자는 형식과 마음이 일치하지 않는 경우고, 후자는 마음(생각)과 행동이 일치하지 않는 경우다. 이 2가지는 우리가 올바른 신앙을 설명하기 위해 결코 간과해서는 안 되는 문제다.

(1) 속에서만 웅얼웅얼하는 믿음

성경은 겉과 속이 다른 것을 지적할 뿐만 아니라 속과 겉이 다른 것 또한 지적하고 있다. "내 형제들아 만일 사람이 믿음이 있노라 하고 행함이 없으면 무슨 유익이 있으리요 그 믿음이 능히 자기를 구원하겠느냐 만일 형제나 자매가 헐벗고 일용할 양식이 없는데 너희 중에 누구든지 그에게 이르되 평안히 가라, 덥게 하라, 배부르게 하라 하며 그 몸에 쓸 것을 주지 아니하면 무슨 유익이 있으리요 이와 같이 행함이 없는 믿음은 그 자체가 죽은 것이라"(약 2:14-17).

마음으로는 믿는데 입으로 시인하지 못한다거나, 행동이 뒤따르지 못하는 것을 지적한 말씀이다. 하나님이 기뻐하시는 것은 "마음으로 믿어 의에 이르고 입으로 시인하여 구원에 이르"(롬 10:10)는 것이다.

예수님이 겟세마네 동산에서 십자가를 앞두고 영적 사투를 벌이는 기도를 드릴 때였다. 제자들은 주님이 기도하는 동안을 견디지 못하고 졸고 있었다. 이에 주님은 이렇게 말씀하셨다. "시험에 들지 않게 깨어 기도하라 마음에는 원이로되 육신이 약하도다 하시고"(마 26:41). 마음에 아무리 좋은 생각을 갖고 있고, 좋은 믿음의 고백을 갖고 있다 할지라도 삶으로 표현되고 고백되지 않으면 무능한 상태에 빠질 수밖에 없음을 지적하신 것이다.

머리로나 지식적으로는 잘 아는데 행동이 따르지 않는 모습이다. 입으로는 "주여! 주여!" 하지만 하나님의 뜻대로 행하지 않는 모습이다. "나더러 주여 주여 하는 자마다 다 천국에 들어갈 것이 아니요 다만 하늘에 계신 내 아버지의 뜻대로 행하는 자라야 들어가리라"(마 7:21). 입으로 "주여 주여" 하는 정도가 아니다. 이 말씀에 이어 더 충격적인 말씀이 이어진다.

"그날에 많은 사람이 나더러 이르되 주여 주여 우리가 주의 이름으로 선지자 노릇 하며 주의 이름으로 귀신을 쫓아내며 주의 이름으로 많은 권능을 행하지 아니하였나이까 하리니 그때에 내가 그들에게 밝히 말하되 내가 너희를 도무지 알지 못하니 불법을 행하는 자들아 내게서 떠나가라 하리라"(마 7:22-23). 비록 주님의 이름으로 기적 같은 능력을 행한다 할지라도 삶의 행동이 따르지 않는다면 주님과는 아무 상관없는 일이 될 수 있다는 말씀이다.

(2) 겉만 번지르르한 믿음

"화 있을진저 외식하는 서기관들과 바리새인들이여 너희가 박하와 회향과 근채의 십일조는 드리되 율법의 더 중한 바 정의와 긍휼과 믿음은 버렸도다 그러나 이것도 행하고 저것도 버리지 말아야 할지니라 … 화 있을진저 외식하는 서기관들과 바리새인들이여 잔과 대접의 겉은 깨끗이 하되 그 안에는 탐욕과 방탕으로 가득하게 하는도다"(마 23:23, 25).

하나님이 참 싫어하시는 모습 중 하나가 바로 겉과 속이 다른 것이다. 교회 출석도 잘하고, 성경공부도 열심히 하고, 교회 봉사도 빠지지 않고 부지런히 한다고 하더라도 그 마음 속에 이기적이고 타산적인 마음이 들어 있다면 이는 겉과 속이 다른 것이다. 입으로는 찬양하고 아름다운 말로 믿음을 고백하며 주님께 사랑을 고백한다고 할지라도 마음에 없는 찬양이요, 마음에 없는 말이요, 마음에 없는 고백이라면 이는 겉과 속이 다른 것이다. 주님은 이를 가리켜 이렇게 말씀하셨다. "이 백성이 입술로는 나를 공경하되 마음은 내게서 멀도다"(막 7:6)라고 하셨다. "경건의 모양은 있으나 경건의 능력은 부인하니 이같은 자들에게서 네가 돌아서라"(딤후 3:5). "겉을 만드신 이가 속도 만들지 아니하셨느냐"(눅 11:40).

주님이 원하시는 신앙은 내면의 요소와 외연의 요소가 조화를 이루어야 함을 알 수 있다. 앎과 실천, 속과 겉, 생각과 실천, 마음과 행동, 말과 행동, 내용과 형식, 내면과 외연이 하나로 통합되어야 한다. 하나님은 겉과 속이 일치하는 믿음의 모습을 통해 역사하신다. "하나님을 찬미하며 또 온 백성에게 칭송을 받으니 주께서 구원 받는 사람을 날마다 더하게 하시니라"(행 2:47). "이로써 그리스도를 섬기는 자는 하나님을 기쁘시게 하며 사람에게도 칭찬을 받느니라"(롬 14:18).

내면과 외연이 연결되지 못하고 조화를 이루지 못한 신앙은 미성숙한 신앙이다. 내면은 있는데 외연이 없으면 외식이요, 외연은 있는데 내면이 없다면 기만이다. 성경에서 보여주는 신앙이란 내면과 외연의 일치요, 조화다. 하나님을 안다는 것은 아는 대로 사는 것이다. 하나님은 하나님에 대한 우리의 앎의 내면적 요소와 외연적 요소들이 일치된 모습을 갖기를 원하신다.

3) 신앙의 요소를 구성하는 4가지 범주

위에서 살펴본 내용을 종합해보면 다음과 같다. 기독교교육은 신앙을 형성하도록 돕는 교육이다. 그리고 신앙이란 하나님과 관계 맺기와 하나님 알기라는 점을 살펴보았다. 여기서 하나님과 관계 맺기로서의 신앙은 크게 대신관계와 대인관계를 가리키며, 하나님 알기로서의 신앙은 내면적 요소와 외연적 요소로 이루어진다. 따라서 신앙의 구성요소는 하나님과의 관계, 사람과의 관계를 수직의 세로축으로, 내면적 요소와 외연적 요소를 가로축으로 하는 4각형 도표로 나타낼 수 있다.

	하나님 알기의 내면	하나님 알기의 외연
대신관계		
대인관계		

[신앙의 요소를 구성하는 4가지 범주]

(1) 대신관계의 내면적인 요소

하나님과의 관계를 나타내는 내면적인 요소의 핵심은 사랑(love)이다. 하나님이 우리를 사랑하시고 우리가 하나님을 사랑하는 것이 신앙이다. 신앙은 하나님과 우리의 사랑의 관계다. 하나님과 우리 사이의 사랑은 4가지의 내면적인 요소를 갖고 있다.

첫째, 지식(knowing)이다. 사랑은 앎에 기초한다. 알아야 사랑할 수 있다. 바르게 알아야 바른 사랑을 할 수 있다. 모르고 하는 사랑은 맹목적이요, 우매한 사랑이다. 사랑은 바른 삶에 기초한다. 동시에, 사랑하면 알고 싶어진다. 많이 사랑하면 더 많이 알고 싶어진다. 이러한 앎은 기억하고 이해하는 것에서 더 나아가 직관하는 것이다.

둘째, 감정(feeling)다. 사랑은 감정적인 경험을 수반한다. 사랑하면 느낀다. 사랑하면 믿으며 신뢰한다. 사랑하면 함께한다. 감정이 수반되지 않는 사랑은 율법이다. 율법적인 사랑은 온전한 사랑이 아니다.

셋째, 의지(willing)다. 여기서 의지는 결심하고 뜻을 세우는 것을 가리킨다. 사랑은 의지를 수반한다. 사랑하는 이를 사랑하기로 뜻을 세우며, 사랑하는 이를 위해 헌신하기로 결심하게 만든다.

넷째, 신비(mystery)다. 하나님과의 사랑은 신비다. 우리를 향한 하나님의 사랑이 신비요, 우리가 하나님을 사랑할 수 있음이 신비다. 신비가 없는 사랑은 사랑이 아니다. 과학이고 논리요, 합리일 뿐이다. 하나님과의 사랑은 과학을 초월하고 논리를 뛰어넘는다. 사랑 자체가 신비일 뿐 아니라 하나님 자체가 신비다. 신앙은 신비한 지식, 신비한 정서를 받아들인다. 하나님의 신비한 초월을 받아들인다. 따라서 이 신비는 내재적이면서 또한 외재적이다. 내면의 경험이면서 또한 초월하시는 하나님을 경험하는 신비다. 대신관계의 내면적 요소인 지식, 감정, 의지, 신비라는 4가지 요소는 신앙을 구성하는 기본

요소에 해당한다. 이 4가지 기본적인 요소가 기초를 이루면서 다른 범주의 요소들이 나타난다. 이런 점에서 대신관계의 내면적 요소들은 신앙을 구성하는 기본 요소이며 동시에 선행 요소라 할 수 있다.

(2) 대신관계의 외연적인 요소

하나님과의 관계를 나타내는 외연적인 요소의 핵심은 헌신 (devotion)이다. 하나님을 향한 사랑은 헌신의 모습으로 나타난다. 헌신이란 하나님의 사랑에 대한 실천이요, 행동이다. 따라서 헌신은 하나님을 향한 사랑의 응답이요, 반응이다. 하나님이 우리를 사랑으로 부르시면 우리는 사랑으로 응답하며 헌신으로 반응한다. 헌신은 하나님을 향한 사랑의 고백이요, 경배다.

사람은 오직 하나님께만 헌신한다. 오직 하나님께 예배하고 경배한다. 사람에게 헌신할 수는 없다. 헌신은 제례적 용어요, 상향적 언어다. 헌신은 하나님께서 사용하신다. 사람이 가질 수 있는 최상의 모습이 바로 하나님을 향한 헌신이다.

헌신은 여러 가지 형태로 나타난다. 예배, 찬양, 기도, 봉헌, 충성, 봉사, 순종 등이다. 기독교 역사는 이 헌신의 행위로 예배와 예전을 발전시켜왔다. 뿐만 아니라 하나님께 드리는 물질과 시간, 그리고 재능의 봉헌으로 표현해왔다. 또는 충성된 삶으로 헌신의 삶을 드리기도 했다.

우리 믿는 사람들은 삶 자체가 헌신의 삶이다. "그러므로 형제들아 내가 하나님의 모든 자비하심으로 너희를 권하노니 너희 몸을 하나님이 기뻐하시는 거룩한 산 제물로 드리라 이는 너희가 드릴 영적 예배니라"(롬 12:1). 이런 헌신의 삶은 말의 헌신과 몸의 헌신, 그리고 물(물질)의 헌신으로 이루어진다. 주님도 "네 보물 있는 그곳에는 네 마음도 있느니라"(마 6:21)라고 하셨다.

말의 헌신과 몸의 헌신, 그리고 물의 헌신이 일치를 이룰 때, 하나님이 기뻐받으시는 산 제물의 삶이 된다. 따라서 삶 자체가 예배적인 의미를 갖는다. 삶이 예배는 아니다. 하지만 하나님께 헌신된 사람에게 삶은 예배의 확장이요, 예배의 연장이다.

(3) 대인관계의 내연적인 요소

사람과의 관계는 하나님과의 관계의 확장이다. 따라서 사람과의 관계에서 내연적인 요소의 핵심은 사랑이다. 하나님을 향한 사랑과 사람에 대한 사랑은 불가분의 관계를 갖고 있다. 예수님도 이 점을 분명히 말씀하셨다. "모든 계명 중에 첫째가 무엇이니이까?"라고 묻는 서기관과의 대화에서 예수님은 이렇게 대답하셨다. "네 마음을 다하고 목숨을 다하고 뜻을 다하고 힘을 다하여 주 너의 하나님을 사랑하라 하신 것이요 둘째는 이것이니 네 이웃을 네 자신과 같이 사랑하라 하신 것이라 이보다 더 큰 계명이 없느니라"(막 12:30-31). 이처럼 주님은 하나님을 사랑하는 것과 사람을 사랑하는 것이 분리될 수 없는 것임을 분명히 하셨다. 사도 요한도 이 점을 지적하고 있다. "누구든지 하나님을 사랑하노라 하고 그 형제를 미워하면 이는 거짓말하는 자니 보는 바 그 형제를 사랑하지 아니하는 자는 보지 못하는 바 하나님을 사랑할 수 없느니라"(요일 4:20).

하나님을 사랑하는 것과 사람을 사랑하는 것은 하나다. 하나님을 사랑하는 마음이 곧 사람을 사랑하는 마음으로 확장되고 발전하는 것이다. 하나님을 향한 사랑이 근간이 되어 사람을 향한 사랑이 자라는 것이다. 하나님을 향한 사랑에 뿌리를 두지 않는 사람사랑은 인본주의로 흐른다. 이런 인본적인 사랑은 하나님을 대적하는 상태로까지 발전할 수 있다. 이는 우리가 경계해야 할 함정이다.

하나님을 향한 사랑에서 나온 사랑만이 진정한 사랑일 수 있다. 대인관계의 내연적 요소는 바로 이 사랑에서 흘러나온 자애(mercy)다. 하나님을 향한 사랑이 넘쳐 사람을 사랑하는 것, 이것이 진정한 사랑이다. 하나님이 우리를 보시듯 내가 다른 사람을 보는 것이다. 하나님이 나를 하나님의 형상으로 대하시듯 내가 다른 사람을 하나님의 형상으로 대하는 것이다.

자애란 사람을 하나님의 형상으로 보고 하나님의 마음으로 대하는 것이다. 따라서 사랑은 다른 사람을 하나님의 형상으로 아는 것이요, 하나님의 형상으로 서로를 공감하는 것이요, 그 사람을 위해 사랑하고 섬기기로 뜻을 세우는 것이다. 이러한 사랑을 충분히 담아내고 설명할 수 있는 성경적이고 신학적인 단어가 필요하다.

여러 자료를 살피고 숙고하는 과정을 통해 적절한 표현을 찾으려

했으나 필자의 부족함으로 인해 찾기가 쉽지 않았다. 따라서 적절한 표현이 나타날 때까지는 자애라는 단어를 잠정적으로 사용하고자 한다. 하나님을 향한 사랑에 뿌리를 둔 사랑, 이 사랑이 대인관계를 형성하는 내면적 요소다.

(4) 대인관계의 외연적인 요소

사람들과의 관계를 나타내는 외연적인 요소는 섬김(serving)이다. 자애가 겉으로 표현될 때 섬김의 모습으로 드러난다. 섬김은 자애에 대한 실천이요, 행동이다. 이 섬김은 하나님을 향한 헌신과 더불어 신앙의 외연을 이루는 핵심요소다.

헌신이 하나님을 향한 응답이라면 섬김은 사람들을 향한 반응이다. 사랑은 섬김을 수반한다. 하나님을 사랑하게 될 때, 사랑하는 하나님의 뜻에 순종하게 된다. 하나님을 사랑하는 마음으로 이웃을 섬기게 된다. 사랑하면 섬긴다. 사랑하면 챙겨주고 싶다. 나를 희생해서라도 위해주고 싶다. 사랑하는 사람에게 주는 것은 아깝지 않다.

하나님과의 사랑이 확장되어 나타나는 사랑의 마음으로 섬기는 섬김은 자기희생적이다. 이런 섬김은 영혼의 구원을 위한 전도, 구제, 봉사, 나눔, 축복, 용서, 화해 등으로 나타난다. 또한 역사와 자연에 대한 청지기로서의 책임적인 참여로 나타난다. 역사에 대한 책임의식이나 자연에 대한 책임의식은 하나님의 사랑을 입은 자로서 마땅히 갖게 되는 사랑에 대한 응답이다. 이런 섬김은 말의 섬김과 몸의 섬김, 그리고 물의 섬김으로 이루어진다.

말의 섬김은 칭찬하고 격려하며 축복하고 용서하는 말을 하는 것이다. 이해하고 공감하는 말을 하는 것이다. 몸의 섬김은 시간이나 재능으로 섬기는 것이다. 말의 섬김과 몸의 섬김은 분리되는 것이 아니다. 말과 행동이 일치해야 한다. 말만 하고 몸이 따르지 않는 섬김은 미숙한 섬김이다. 그것은 위선이 되기도 한다. 물의 섬김은 물질로 섬기는 것을 의미한다. 물의 섬김과 몸의 섬김은 밀접하게 연결되어 있다. 동시에 물질은 재능이나 시간과는 다른 차원의 의미를 갖고 있다. 물질은 그냥 물질이 아니다. 주님은 재물을 하나님의 자리를 탐하는 맘몬(mammon), 즉 재물신으로 지칭하셨다. 물질이 갖는 영

	하나님 알기의 내면	하나님 알기의 외연
대신관계	지식 감정 의지 신비	헌신
대인관계	자애	섬김

[신앙을 구성하는 요소들]

적 위험성을 지적하신 것이다. 말의 섬김과 몸의 섬김, 물의 섬김이 하나가 될 때, 그 섬김은 빛이 나고 주님의 뜻을 이루는 섬김이 된다.

4) 신앙의 구성요소들간의 관계

위에서 살펴본 바와 같이 신앙은 하나님과의 관계와 사람과의 관계, 그리고 하나님에 대한 앎의 내연과 외연의 상호관계 속에서 파악할 수 있다. 이런 과정을 통해 신앙의 구성요소를 지식, 정서, 의지, 신비, 헌신, 자애, 섬김이라는 7가지 요소로 정리해보았다. 그럼 이 요소들은 서로 어떤 관계에 있는가? 또 이런 요소들로 구성된 신앙의 모습에 대해서도 살펴보고자 한다.

(1) 일원적이다

하나님과 사람의 관계나 하나님에 대한 앎(지식)은 하나의 근원에서 나온다. 그것은 다름 아닌 '사랑'이다. 하나님은 사랑이시다. 하나님에 대한 앎의 근본은 사랑이다. 믿음의 최고봉도 사랑이다.

"그런즉 믿음, 소망, 사랑, 이 세 가지는 항상 있을 것인데 그중의 제일은 사랑이라"(고전 13:13). 믿음은 사랑으로 완성된다. 따라서 신앙의 7가지 요소들은 그 뿌리가 사랑이다. 그냥 사랑이 아니라 하나님과의 사랑이다. 하나님과의 사랑이 모든 요소의 뿌리다. 사랑의 지식이요, 사랑의 정서요, 사랑의 의지요, 사랑의 신비다. 하나님과의 사랑에 뿌리를 둔 자애다. 사랑의 헌신이요, 사랑의 섬김이다. 즉 사랑이 흘러넘쳐 헌신이 되고, 자애가 되고, 섬김이 된다.

사랑에서 나오지 않은 모든 것은 위험하다. 겉으로 보기에 좋아보여도 하나님을 떠난 것이요, 하나님과의 사랑을 벗어난 것이다. 사랑에서 흘러나오지 않은 자애, 헌신, 섬김은 위험하다. 신앙을 구성하는 모든 요소는 하나님과의 사랑에 뿌리를 둘 때 바른 모습을 갖게된다. 그렇지 않으면 의식주의나 인본주의에 빠지게 된다. 이런 점에서 신앙의 요소는 일원적이다. 일원적이면서 동시에 다면적이다.

(2) 다면적이다

하워드 가드가 지능의 다중성을 정리해 발표한 후, 지능을 다중적으로 이해하려는 노력이 활발하다. 지능이 다중적이듯 신앙은 다면적이다. 신앙은 지식, 감정, 의지, 신비, 자애, 헌신, 섬김으로 구성된 다면적인 모습을 하고 있다. 신앙은 하나이면서 동시에 다양한 요소를 갖고 있다.

기독교신앙은 유일한 하나님, 유일한 구원자이신 예수 그리스도를 믿는다. 이런 점에서 신앙은 하나의 신앙이다. 하지만 이 신앙이 우리 속에 모습을 드러낼 때는 다면적인 얼굴로 드러난다. 건강한 신앙생활을 하기 위해서는 신앙이 갖고 있는 이런 다면성을 충분히 이해해야 한다. 이를 통해 신앙을 위해서는 다면적인 노력이 필요하다는 것을 깨닫게 된다.

신앙을 교육할 때도 마찬가지다. 바람직한 신앙교육을 위해서는 신앙이 다면적이라는 점을 고려해 각각의 요소에 맞는 다양한 접근 방법을 사용할 필요가 있다. 이것이 우리가 신앙의 구성요소에 대해 관심을 가져야 하는 이유다.

(3) 유기적이다

신앙의 요소들은 서로 유기적인 상호성을 갖고 있다. 신앙을 구성하는 지식, 정서, 신비, 헌신, 사랑, 섬김이라는 요소들은 각각 별개로 분리될 수 없다. 각 요소들은 뚜렷한 경계를 갖고 분리되어 있는 것이 아니다. 신앙의 요소들을 이렇게 나누어보는 것은 다만 신앙이란 무엇인가에 대한 사고를 발전시켜나가기 위해 편의상 나누어보는 것일 뿐이다.

신앙의 요소들은 서로 유기적으로 영향을 주고받으면서 맞물려 있다. 사랑과 섬김은 불가분의 관계다. 이 2가지가 분리되는 것은 끔찍한 일이다. 모든 요소가 마찬가지다. 서로 영향을 주고받으며 때로는 서로 어우러져 겹치기도 하고 때로는 신앙의 독특한 면을 드러내기도 한다.

신앙의 구성요소들이 갖는 이러한 유기적인 상호성을 이해하지 못할 때, 우리 신앙은 자칫 왜곡되고 편향되며 빗나간 신앙의 모습을 띠게 된다. 특정 요소를 지나치게 강조할 수도 있다. 이럴 경우, 신앙의 모습은 치명적인 상처를 입게 되고 미성숙한 모습을 드러내게 된다.

(4) 통전적이다

지식, 정서, 의지, 신비, 헌신, 자애, 섬김이라는 신앙의 요소들은 통전적인 특성을 갖고 있다. 어느 하나라도 부족하면 그 부족한 부분으로 인해 신앙의 전체적인 역동성이 떨어진다. 역동성이 떨어질 뿐 아니라 신앙에 치명적인 불균형을 초래할 수 있다.

예를 들어 지식이 부족하면 이로 인해 신앙이 갖는 전체적인 분별력이 떨어지게 된다. 정서가 부족하면 신앙의 전체적 역동성이 떨어진다. 신비의 요소가 부족하면 초월적인 면이 약화되어 신앙이 인본적인 성격을 띠거나 이성적 성격을 강하게 띠게 된다. 헌신이 부족하면 하나님과의 수직적 관계가 약화되고, 사랑이 부족하면 따뜻함을 잃고 차갑고 메마른 신앙에 빠지게 되며, 섬김이 부족하면 실천이 없는 관념적 신앙의 위험에 빠지게 된다.

따라서 모든 요소가 통전적이고 전면적으로 성장하며 성숙해가는 모습을 가져야 한다. 이는 뒤에 살펴볼 비균등성과 부딪힐 수 있다. 하지만 통전적이어야 한다는 뜻은 비균등적인 특성 가운데서 충분히 통전적이어야 한다는 의미다.

(5) 비균등적이다

7가지 신앙의 요소들이 균등한 비율을 갖는 것은 아니다. 7가지 요소들이 전면적인 성격을 갖고 있다고 해서, 모든 사람에게 이 7가지 요소들이 모두 똑같은 비율(1:1:1:1:1…)로 형성되는 것은 아니라는 뜻이다. 7가지 요소가 균등한 균형(equal balance)을 갖게 된다면 모든 신앙인이 획일적인 신앙의 모습을 갖게 된다. 이는 하나님이 원하는 모습이 아니다.

우리는 사람에 따라 다양한 신앙적 특성을 갖고 있다. 사람마다 성격에 차이가 있듯이 신앙도 각 사람마다 다양한 모습을 하고 있다. 지식적인 요소가 강하기도 하고 신비적인 요소가 강하게 나타나기도 한다. 정서적인 면이 강하기도 하고 섬김의 면이 강하게 나타나기도 한다. 이런 비균등성으로 인해 신앙의 모습의 다양성이 나타난다. 그리고 이런 다양성을 기반으로 다양한 조합을 이루어 풍부한 신앙의 숲을 이루게 된다. 그러면서 서로 도전을 주기도 하고 도전을 받기도 하면서 믿음이 성장하고, 하나님의 사역을 감당하게 된다.

신앙의 요소들이 가지는 이런 특성은 신앙교육에 중요한 관점을 제공한다. 신앙교육을 지도하는 지도자들은 이런 특성들을 충분히 고려해야 한다. 개인에 따라, 신앙공동체의 전통에 따라, 신학적 입장에 따라 다양한 모습으로 적용될 수 있다. 이러한 점들을 충분히 고려하지 않을 때, 왜곡되거나 편향된 신앙을 양산하게 된다.

제7장

신앙의 7요소에 대한 이해

1. 지식

신앙은 앎의 요소를 포함한다. 안다고 믿는 것은 아니다. 하지만 신앙은 알고 믿는 것이다. 알아야 믿을 수 있다. 모르고 믿을 수는 없다. 모르고 믿는다면 그건 믿음이 아니다. 무엇을 믿는지 모르고 믿는다면 그건 믿음이 아니라 미신이요, 맹신이다. 누구를 믿는지, 무엇을 믿는지도 모르고 믿는 건 미신이다.

성경이 우리에게 가르치는 믿음이란 무엇을 믿는지 알고 믿는 것이다. 어떻게 믿는지, 믿으면 어떻게 되는지를 알고 믿는 것이 믿음이다. 하나님은 우리가 알고 믿기를 원하신다. 하나님은 알고 믿으라고 우리에게 계시의 말씀인 성경을 주셨다. 성경은 믿음의 내용이요,

믿음을 위한 지침서다. 성경을 통해 무엇을 믿는지, 어떻게 믿는지, 믿으면 어떻게 되는지를 알 수 있다.

기독교 신앙은 계시적 특성을 갖고 있다. 계시란, 하나님이 열어서 보여주시는 것이다. 계시는 하나님의 말씀인 성경이다. 성경은 계시의 결정체다. 우리는 하나님의 계시의 말씀인 성경을 통해 하나님을 알 수 있다. 그러므로 계시는 하나님의 교육방법이기도 하고, 하나님이 우리에게 알려주시고자 하는 교육의 내용이기도 하다. 하나님이 계시를 주셨다는 것은 곧 알고 믿으라는 뜻이다. 즉 계시는 우리가 무엇을 어떻게 믿어야 하는지 알고 믿으라고 주신 것이다. 우리는 무엇을 믿는지, 어떻게 믿는 건지, 믿으면 어떻게 되는지를 확실히 알고 믿어야 한다.

믿음은 바른 지식에 기초한다. 바울은 로마서에서 유대인들의 열심에 대해 언급하면서 중요한 지적을 한다. "내가 증언하노니 그들이 하나님께 열심이 있으나 올바른 지식을 따른 것이 아니니라"(롬 10:2). 이러한 문맥 속에서 바울은 "믿음은 들음에서 나며 들음은 그리스도의 말씀으로 말미암았느니라"(롬 10:17)라고 지적한다. 하나님의 계시인 말씀에 기초한 믿음이 얼마나 중요한지를 밝혀주는 말씀이다.

아는 것이 믿는 것은 아니지만 바른 믿음은 반드시 바른 앎(지식)에 기초한다. 그러므로 믿는다는 것은 나의 사고 체계, 지식 체계를 하나님의 말씀에 맞게 재구성하는 것이다. 따라서 믿음의 성장이란 하나님에 대해 알아가면서 급진적으로 또는 점진적으로 거듭나게 되는

지적 경험을 거치게 된다. 따라서 신앙 성장은 거듭난 앎, 변화된 지식 체계를 포함한다.

앞에서도 말했듯이 안다고 믿는 것은 아니다. 믿게 하는 건 우리가 할 수 있는 일이 아니다. 믿음을 갖게 하는 일은 하나님의 주권에 속한 일이다. 믿음은 하나님이 주시는 선물이다(엡 2:8). 이처럼 안다고 믿는 것은 아니다. 하지만 바른 믿음은 바른 앎(지식)에 기초한다. 우리가 믿음을 줄 수는 없다. 우리가 할 수 있는 일은 무엇을 믿는지, 어떻게 믿는지, 믿으면 어떻게 되는지를 알게 하는 것이다. 그러므로 신앙에서 가르침, 곧 알게 하는 것은 너무나 중요하다.

그럼 안다는 것은 어떤 것인가? 안다고 할 때, 우리는 3가지를 생각해야 한다. 기억하는 것, 이해하는 것, 깨닫는 것이다.

1) 기억하는 것

기억하는 것(memorizing)은 아는 것이다. 기억하지 못할 때 우리는 모른다고 이야기한다. 기억하는 것은 앎의 중요한 측면이다. 기억은 정확한 사실에 근거해야 한다. 그리고 이 사실은 성경에 근거한다. 성경에서 벗어난 기억은 점검이 필요하다.

우리는 경험한 것을 기억한다. 기도하면서 경험한 것, 예배를 드리면서 경험한 것, 성경을 읽으면서 경험한 것 등 우리는 신앙과 관련해 경험한 것들을 기억한다. 이런 경험의 기억은 모두 계시의 말씀인 성경을 통해 검증해야 한다. 성경을 벗어난 경험은 신앙의 기준이 되기에 충분치 못하다. 성경은 우리가 알고 믿어야 할 모든 것의 근거가 된다.

안다는 것은 기억하는 것이다. 성경을 안다는 것은 성경을 기억하는 것이다. 성경은 하나님의 말씀이다. 살아 역사하는 능력의 말씀이다(히 4:12-13, 딤후 3:16-17). 따라서 성경을 기억하도록 하는 것은 신앙교육에서 중요한 요소다(신 6:4-9). 필자에게는 어린 시절 교회학교에서 '요절'이라 불렀던 성경암송의 경험이 진하게 남아 있다. 성경의 암송과 주입은 의미 있는 신앙교육의 한 방법이다.

2) 이해하는 것

이해하는 것(understanding)은 아는 것이다. 이해하지 못했다면 제대로 알지 못하는 것이다. 내용을 바르게 이해함으로써 바르게 알 수 있다. 아는 것은 내용에 담긴 뜻을 바르게 이해하는 것이다. 기억이 사실(fact)을 있는 그대로 기억하는 것이라면, 이해는 사실에 담긴 의미(meaning)를 아는 것이다. 성경 내용을 아무리 많이 기억하고 있더라도 그 내용에 담겨 있는 의미를 알지 못한다면 온전히 아는 것이 아니다.

이런 이해는 크게 2단계로 진행된다. 먼저는 내용에 대한 사실적인 이해의 단계다. 내용을 머리로 이해하는 것이다. 설명을 듣고 깊이 생각함으로써 내용에 담긴 뜻을 이해할 수 있다. "하나님이 우리를 사랑하신다"라는 성경적 사실을 "그렇다"라고 인정하는 것이다.

하지만 믿음으로 나아가기 위해서는 여기에 머무르면 곤란하다.

다음은 의미적인 이해의 단계다. 이해한 것을 내 것으로 만드는 단계다. 지식적으로 수용하는 지적 동의의 단계다. '깊은 생각'을 통해 마음으로 이해하는 것이다. 깊은 생각, 또는 사유하는 과정을 통해 머리로 이해한 것을 충분히 소화시키는 과정이다. 이 단계에서 우리는 객관적으로 이해한 것을 자기 언어로 표현할 수 있게 된다. 자기 개념이 만들어지는 것이다. 이해는 이런 자기개념화로 완성된다. 자기개념화의 단계까지 나아가지 못한 이해는 나의 지식이 되기에 충분치 못하다.

이처럼 공부란 개념 짓기라 할 수 있다. 교육은 개념을 형성해가는 과정이다. 기존의 개념을 이해하고 새로운 개념을 정리해가는 것이 공부다. 이러한 이해를 위해서는 친절한 설명, 문맥을 살펴보고 단어를 찾아보는 노력, 깊이 있는 사유 등이 필요하다. 교회에서 이루어지는 성경공부는 바로 이런 이해의 과정이기도 하다. 이런 신앙적인 이해는 신앙적인 생각을 형성하는 중요한 근거가 된다.

3) 깨닫는 것

아는 것은 곧 깨닫는 것이다. 깨닫는 것은 이해를 넘어서는 일이다. 이해를 넘어 깨달아지는 것이다. 깨닫는 것은 직관적이다. 깨닫는 것과 직관(intuition)은 통한다. 존 웨스트호프가 말한 '직관적 인식'이나 마리아 해리스가 말한 '예술적 상상력'이 이에 속한다 할 수 있을 것이다. 이런 직관적 깨달음은 어디서 오는 것인가? 내면에서 일어나는 것인가? 외부에서 주어지는 것인가?

우선 내면에서 일어나는 깨달음이 있다. 바로 직관적 깨달음이다. 직관적 깨달음은 몰입과 같이 부드러우면서 더 깊고 더 치열한 사유 과정을 통해 일어난다. 과학자 황농문은 몰입에 대해 이렇게 설명하고 있다. "몰입은 의식이 산만하지 않은 고도로 질서정연한 상태로, 분명 뇌에서 일어나는 변화다. 의식의 엔트로피가 낮은 상태인 것이다. 따라서 몰입에 대한 이해는 뇌과학과 엔트로피 법칙으로 접근되어야 한다"(황농문, 6).

한편 「제7의 감각」이라는 책에서 '전략적 직관'에 대해 소개하는 윌리엄 더건은 '섬광 같은 깨달음'을 이렇게 설명하고 있다. "나는 이 새로운 분야를 '전략적 직관'이라고 부른다. 그것은 모호한 육감이나 본능적인 직감 같은 평범한 직관과 전혀 다르다. 평범한 직관은 일종의 감정이다. 느낌이지 생각이 아니다. 전략적 직관은 정반대다. 그것은 느낌이 아니라 생각이다. 섬광 같은 통찰력은 머릿속의 뿌연 안개를 뚫고 지나가는, 선명하고 반짝거리는 생각이다"(더건, 22-23). 전략적 직관은 일반적 직관이나 전문적인 지식에 근거한 판단력과 같은 전문가적 직관이나 통찰과 다르다. 이는 깊은 탐색이나 몰입을 통해 얻는 순간적인 통찰이다.

황농문 교수는 몰입에 대해 소개하면서 종교적인 경험까지도 몰입 현상으로 설명하려는 위험한 시도를 한다. "사고에 의한 몰입은 고도의 정신적 집중 상태를 뜻한다. 외부로부터 어떤 자극이나 신호가 들어오는 것이 아니라 내가 의식적으로 생각한 결과가 입력되면 뇌에서는 입력된 정보를 처리하고, 그 결과가 다시 의식으로 출력되는 상황이 무한히 반복된다. 다시 말해 신호의 피드백이 내적으로 이루어지는 것이다. 기도나 참선, 명상 같은 영성 활동도 고도의 정신적 집중 상태이고 신호가 외부에서 들어오는 것이 아니라 내적으로 이루어진다는 점에서 동일하다. 두정엽의 비활성화는 외부로부터의 신호가 차단된 상태에서 모든 신호의 피드백이 내적으로 이루어지기 때문에 나타나는 것으로 보인다"(황농문, 152–153). 이런 견해를 기반으로 해 심지어 "아마도 종교가 이렇게 생긴 것 같다"(황농문, 149)고까지 주장한다. 이는 상당히 위험한 생각이다.

몰입은 말 그대로 고도의 정신 작용이요, 사유의 과정이다. 이 정신 능력은 창조주 하나님이 우리에게 부여해주신 능력이다. 따라서 우리가 가진 정신 능력은 우리의 상상을 초월하는 경우가 많다. 이건 우리의 정신뿐만이 아니다. 우리의 육체도 고도의 훈련과 고도의 정신이 조합을 이룰 때, 대단한 능력을 나타낸다. 몰입의 효과나 몰입을 통해 경험하는 환상적이고 초월적인 경험은 정신세계에서 이루어진 것이지 그 이상도 그 이하도 아니다. 그런데 이런 몰입의 경험으로 종교적인 경험을 설명하거나 종교의 생성을 이야기한다는 것은 지나친 비약이요, 위험한 지적활동이다.

몰입을 통한 직관적인 깨달음은 놀라운 것이다. 이는 사람이 발휘

하는 모든 창의성의 근간이 된다. 하지만 어디까지나 하나님이 우리 안에 부여해주신 내면의 능력에서 오는 것이다. 즉 일반은혜의 영역에 속한 것이다. 이런 능력은 우리가 적극적으로 활용하고 계발해야 할 능력이다. 하나님이 우리에게 주신 이런 정신능력을 사용하지 않는 정신적인 게으름, 사유의 게으름은 하나님 앞에 부끄러운 일이다. 따라서 교육은 생각하게 만드는 것이다.

직관적 깨달음과 다른 또 하나의 깨달음이 있다. 직관적 깨달음이 내면에서 일어나는 것이라면 이 깨달음은 외부인 '위'에서 주어지는 깨달음이다. 즉 영적인 깨달음, 신앙적인 깨달음이다. 우리가 하나님의 말씀을 깊이 묵상할 때, 하나님은 깨닫게 하신다. 우리가 간절히 기도할 때, 하나님이 깨닫게 하신다. 이 깨달음은 몰입의 효과도 아니고 전략적 직관의 효과도 아니다. 이 깨달음은 나의 내면에서 일어나는 것도 아니다. 외부에서 주어지는 것이다. 하나님이 깨닫게 하시고 성령이 깨닫게 하시는 깨달음이다(요 14:26).

우리가 사모하는 마음으로 구할 때 하나님은 계시의 영을 통해 역사하시고 깨닫게 하신다. 이는 루이스 쉐릴에게는 '만남(encounter)', 제임스 로더에게는 '변형되는 순간(transforming moment)' '확신 체험(convictional experiences)'의 순간, 마리아 해리스에게는 '아하! 하는 것(aha moment)'이다. 이런 깨달음은 일반교육에서는 찾아볼 수 없다. 이는 논리적이고 합리적인 지식의 체계를 뛰어넘는 것이다. 우리의 사고 체계에 담을 수 없는 영역으로 들어가는 것이다.

사람들은 자기가 모르면 모른다고 하지 않고 '틀렸다'거나 '아니라'거나 '없다'고 한다. 내가 모른다고 틀린 것이 아니다. 내가 모른다고 없는 게 아니다. 하나님은 나의 지식 너머에 계신다. 나의 머리를 창조하신 분이기에 머리에 다 담을 수가 없다. 나의 머리로는 다다를 수 없는 영역에 다가가는 것이 바로 영적인 깨달음이다. 이런 깨달음은 사람의 가르침을 통해 주어지는 것이 아니다. 하나님에 의해, 계시의 영에 의해 주어지는 것이다. 이를 위해 우리가 할 수 있는 것은 사모하는 마음으로 기도하는 것이다.

2. 정서

1662년 블라제 파스칼(Blaise Pascal)이 죽고 나서 며칠 후 한 하인이 우연히 주인 파스칼의 외투 안에서 깊이 숨겨진 양피지 조각을 발견했다. 그 조각에는 파스칼이 8년 전에 예수 그리스도를 만난 사건에 대해 쓴 글이 적혀 있었다.

> "은총의 해 1654년, 11월 23일 월요일 성 클레멘트의 축일,
>
> 교황과 순교자, 그리고 순교자 반열의 사람들,
>
> 세인트 크리소고누스의 버질, 순교자, 그리고 다른 사람들,
>
> 저녁 약 열시 반부터

열두 시 반쯤까지

불

철학자들과 학자들의 하나님이 아닌,

아브라함의 하나님, 이삭의 하나님, 야곱의 하나님.

확신, 확신, 느낌, 기쁨, 평화.

예수 그리스도의 하나님"(맥컬로우, 79-80).

신앙은 감정적인 요소, 정서적인 요소를 포함한다. 하나님을 믿는다는 것은 하나님을 정서적으로 경험하는 것을 포함한다. 신앙은 하나님 안에서 울고 웃는 것이다. 때로 하나님은 울게도 하시고 웃게도 하신다. 뿐만 아니라 신앙은 하나님에 대한 '절대의존의 감정'을 포함한다. 우리는 이런 경험을 "하나님을 경험한다" "하나님을 느낀다"라고 표현한다.

신앙이 가진 이러한 정서적인 면들은 여러 모습으로 나타난다. 죄에 대한 통렬한 회개의 감정(사 6:5, 시 6:6)으로 나타나기도 하고, 마음속에 숨어 있던 내면의 쓴뿌리들이 치료되는 경험(요 4:29)으로 나타나기도 하고, 죄를 용서받은 희열(시 51:12)로 나타나기도 하고, 은혜를 체험하며 느끼는 환희의 경험(행 3:8 등)으로 나타나기도 한다. 또한 바울은 건전한 신앙인의 삶의 모습을 "근심하는 자 같으나 항상 기뻐하고"(고후 6:10) "소망 중에 즐거워하며"(롬 12:12) "범사에 감사"(살전 5:18)하는 모습으로 표현했다. 모두가 정서적인 반응에 관한 것들이다. 반면 이러한 신앙적인 정서가 아니라 불신앙이나 의심을 표현할 때 감정적인 면에 초점을 두고 표현하는 모습을 쉽게 찾아볼 수 있다(막 5:36, 눅 24:38 등).

신앙의 경험이 쌓여 신앙이 자랄수록 우리의 감성도 자라고 변화한다. 세상적인 즐거움, 세상적인 자극을 따라가던 감성이 점점 거룩한 감성, 거듭난 감성으로 발전하게 된다. 그래서 "시와 찬송과 신령한 노래들로 서로 화답하며 너희의 마음으로 주께 노래하며 찬송하며"(엡 5:19) 사는 것을 즐거워하게 되고 더 추구하게 된다.

뿐만 아니라 기도하는 즐거움, 예배하는 즐거움 등 주님과 사귀는 즐거움을 알아가게 된다. 또한 불평과 원망의 감정이 점점 줄어들고 감사와 소망이 넘치게 된다. 미움과 시기가 변해 칭찬과 격려가 된다. 불안과 우울함과 낙심이 줄어들고 언제나 소망 중에 즐거워하는 모습으로 변하게 된다. 신앙 성장의 과정은 이처럼 감성이 변하고 거듭나는 과정을 포함한다.

하나님의 은혜는 우리의 감성을 살린다. 은혜를 받으면 감정이 살아난다. 마음이 따뜻해지고, 메말랐던 감정이 살아난다. 우리는 성경에서 신앙이 감정과 관련되어 있음을 보여주는 장면들을 쉽게 만날 수 있다. 수가 성의 여인이 우물가에서 예수님을 만난 후 달라진 모습을 성경은 이렇게 소개하고 있다. "여자가 물동이를 버려두고 동네로 들어가서 사람들에게 이르되"(요 4:28). 어둡고 지친 모습으로 우물을 찾았던 여인이 주님을 만난 후 환하게 밝아진 표정으로 동네에 들어가는 모습에서 우리는 메마르고 죽어 있던 여인의 감정이 살아난 것을 볼 수 있다.

베드로를 비롯한 제자들은 예수님이 승천하신 후에 예루살렘 마가의 다락방에서 성령의 강림을 대망하면서 기다린다. 그러던 중 오순절 날에 이르러 성령의 강림을 경험한다. 이후 베드로가 성령에 이끌려 예루살렘에 모여 있는 무리들을 향해 복음의 말씀을 전했을 때, 말씀을 듣고 회개하는 사람들의 모습을 성경은 이렇게 기록하고 있다. "그들이 이 말을 듣고 마음에 찔려 베드로와 다른 사도들에게 물어 이르되 형제들아 우리가 어찌할꼬 하거늘"(행 2:37). 말씀을 들은 많은 사람이 마음(감정)의 변화를 경험한 것을 알 수 있다. 이외에도 여러 곳에서 우리는 믿음이 정서적인 요소와 연결되어 있음을 찾아볼 수 있다.

한편 이러한 신앙의 정서적인 요소들은 하나님의 자녀들이 갖게 되는 풍부한 신앙적인 감성, 창조적인 감성을 형성하는 중요한 자원이 된다. 믿음이 깊어지면 감정이 풍부해진다.

흔히 신앙을 감정을 죽이는 것으로 오해하는 경우가 있다. 감정을 극도로 통제하는 것이 마치 성숙한 신앙인 것처럼 생각하는 경우다. 잘 웃지도 않고, 울지도 않는 것이 성숙한 믿음이라고 생각한다면 이는 잘못된 생각이다. 신앙은 감정을 죽이는 게 아니라 감정을 살린다. 그리고 살아난 감정을 지혜롭고 적절하게 표현하는 능력이 곧 신앙이다.

은혜를 받으면 감성이 풍부해진다. 성경을 읽으면서, 찬송을 부르면서, 예배를 드리면서 감정이 풍성해짐을 느낀다. 자연을 보고도 하나님의 손길을 느끼며 풍부해진 감성을 느끼게 된다. 이런 신앙적인 감성은 신앙적 창작의 중요한 자원이 된다. 미술, 음악, 문학 등 다양한 장르에서 신앙적 감성은 놀라운 위력을 발휘한다. 신앙적 감성이 아름답게 표현될 때, 멋진 기독교문화가 만들어진다.

3. 의지

"이렇게 고백할 수밖에 없다. … 어쩔 수 없는 상황에 몰리지 않았다면 나는 절대 구원받지 못했을 것이다. 나는 버틸 수 있는 마지막 순간까지 반항하고 대적하며 하나님께 대들었다. 나는 하나님이 기도하게 하실 때 기도하지 않았고 설교를 듣게 하실 때 듣지 않았다. 말씀이 들려와 뺨에 눈물이 흘러도 나는 눈물을 훔치며 어디 내 영혼까지 녹여보라고 그분께 대들었다. 그러나 내가 그리스도를 상대하기 오래전부터 그분은 나를 상대하고 계셨다"(헨리 & 리처드 블랙커비, 83).

불세출의 전도설교가로 이름을 떨쳤던 찰스 스펄전의 고백이다. 스펄전은 지적인 경험, 정서적인 경험을 갖고도 끝까지 의지적인 고집으로 버텼다. '버틸 수 없는 마지막 순간'에 가서야 스펄전은 고집을 내려놓았다.

신앙은 의지적인 요소를 갖고 있다. 하나님의 사람들은 누구나 하나님에 대해 알고, 하나님을 느끼며, 하나님을 향해 믿음의 뜻을 세운다. 우리의 신앙생활은 끊임없는 결심으로 채워진다. 하나님을 의지해야지! 찬양해야지! 기도해야지! 봉사해야지! 전도해야지! 열심히 믿어야지! 용서해야지! 감사하며 살아야지! 더 신뢰해야지! 더 순종해야지! 더 충성해야지! 더 겸손해야지! 더 섬겨야지! 더 나누어야지! 결심하고 결단하며 거룩한 뜻을 세운다.

사업을 하면서, 직장을 다니면서, 공부를 하면서 우리는 의지를 굳건히 하고 결심한다. "주님의 영광을 위하여!" "복음전파를 위하여!" "나 주님의 기쁨되기 원하네" 등등 결의를 다지고 헌신을 다짐한다.

신앙은 이런 의지적인 요소를 포함하고 있다. 의지적인 요소는 신앙의 내면을 이루면서도 신앙의 외연과 직결된다. 아무리 좋은 뜻을 세웠다 하더라도 실천하지 않고 행동으로 옮기지 않는다면 무용지물이다. 신앙생활은 곧 뜻을 세우고, 그 세운 뜻을 실천해가는 과정이라 할 수 있다. 따라서 신앙의 의지적인 요소는 행동과 직결된다. 이런 실천적 행동에 관해서는 앎의 외연적 요소에서 다루게 될 것이다.

신앙의 의지적인 모습을 잘 보여주는 대표적인 말씀이 믹담시 중 하나인 시편 56편이다. "내가 두려워하는 날에는 내가 주를 의지하리이다"(56:3). 다윗은 지금 하나님에 대한 신뢰의 마음을 고백하고 있다. 또 다윗의 믹담시에는 신앙의 의지적인 모습이 잘 드러나 있다. "하나님이여 내 마음이 확정되었고 내 마음이 확정되었사오니 내가 노래하고 내가 찬송하리이다 내 영광아 깰지어다 비파야, 수금아, 깰지어다 내가 새벽을 깨우리로다"(시 57:7-8).

신앙의 성장이란 하나님 앞에서 거룩한 뜻을 세우고 그 뜻을 실천해가는 과정이다. 이런 과정에서 인간적인 고집이나 야망, 꿈들이 하나님 뜻에 맞게 변해가는 경험을 하게 된다. 고집스러운 모습이 주님의 뜻이라면 기꺼이 순종하는 모습으로 바뀌고, 나를 내세우고 드러내려는 생각이 주님을 높이고 주님을 앞세우는 모습으로 변하게 된다. 불안이 엄습하고 두려움이 몰려올 때도 하나님을 의지하는 모습으로 변하게 된다. 은혜를 받고 믿음이 깊어질수록 하나님을 향한 마음과 뜻은 더욱 견고해진다. 어떤 유혹과 시련이 와도 하나님을 향한 믿음은 흔들리지 않는다.

신앙의 의지적인 요소는 신앙의 고백과 직결된다. 고백은 의지적 행위다. 고백에는 3가지 요소가 있다. 흔히 '고백의 3A'라고 부른다. Awareness(지식, 지각, 앎, 깨달음), Agreement(동의함), Acceptance(수용함)가 그것이다. 이 3가지 요소는 3가지 단계로 나타나기도 한다.

첫째, Awareness 즉 지각, 지식 또는 깨달음이라 할 수 있다. 고백을 하기 위해서는 먼저 알아야 한다. 알아야 고백을 할 수 있다. 모르고는 고백을 할 수가 없다. 바르고 정확하게 알아야 한다. 그래야 바른 고백을 할 수 있다. 이는 고백의 인지적, 지식적인 차원이다. 또 신앙의 지식적 요소라 할 수 있다.

둘째, Agreement 즉 동의라 할 수 있다. 고백을 위해서는 깨달아 알고 있는 사실에 대해 동의해야 한다. 동의하지 않는다면 알아도 고백할 수 없다. 알지만 내가 동의할 수 없기 때문이다. 인정하지 않는 것을 고백할 수 없다. 입으로 고백을 한다 하더라도 그 고백은 믿을 수 없다. 허위고백이거나 억지고백이기 때문이다. 이는 위선적이고 가식적인 고백이다. 고백을 위해서는 지적인 동의와 함께 반드시 감정적 동의가 있어야 한다.

셋째, Acceptance 즉 수용하는 것이다. 받아들이는 것이다. 알고, 동의하는 것을 받아들이고 수용해야 고백할 수 있다. 바른 고백을 위해서는 의지적인 수용이 필요하다. 이 의지적 수용은 결단이다. 결단이 없는 고백은 허위고백이다. 받아들이지도 않으면서 하는 고백은 고백이 아니다. 수용하지도 않고 고백하는 것은 가식이고 위선이며 입술로만 고백하는 것이다. 바리새인들이 이런 고백을 했다. 입술로는 고백하나 마음은 아니었다.

신앙의 의지적인 요소는 비전과 연결된다. 알고 느낀 것이 토대가 되어 뜻을 세우게 된다. 하나님은 알고 느낀 것을 통해 거룩한 비전을 품게 하신다. 하나님을 위해 살고자 하는 뜻을 품게 하신다. 하나님을 위해 헌신하고자 하는 비전을 갖게 하신다. 비전은 의지적 전망이다. "오직 성령이 각 성에서 내게 증언하여 결박과 환난이 나를 기다린다 하시나 내가 달려갈 길과 주 예수께 받은 사명 곧 하나님의 은혜의 복음을 증언하는 일을 마치려 함에는 나의 생명조차 조금도 귀한 것으로 여기지 아니하노라"(행 20:23-24). 우리는 바울의 이 고백을 통해 하나님을 향한 결연한 의지, 거듭난 의지를 엿볼 수 있다.

거듭난 의지는 거듭난 비전을 품는다. 사람은 아는 만큼, 느끼는 만큼, 경험하는 만큼 비전을 품게 된다. 비전을 품도록 하기 위해서는 가능한 한 많이 듣게 하고 보게 하며 느끼게 하는 것이 필요하다.

4. 신비

"1273년 12월 6일, 중세 최고의 신학자 토마스 아퀴나스는 미사를 집전하다가 신비한 환상을 보았다. 그 이후로 그는 펜을 들지 않았다. 덕분에 출간되자마자 중세 신학 그 자체가 되어버린 「신학대전」은 제3부에서 미완성인 채로 남게 되었다. 그는 절필 이유를 묻는 비서에게 '지금껏 내가 집필한 책들은, 내가 환상을 보던 중에 받은 계시에 비하면 지푸라기에 불과하다는 사실을 깨달았기 때문이라네'라고 대답했다. 그리고 약 3개월 뒤 세상을 떠났다"(이지성, 231).

신앙에는 신비적 요소가 포함된다. 신앙은 신비다. 신비가 없는 신앙은 메마른 지식일 뿐이다. 사람은 오감과 이성이라는 감각기관을 갖고 있다. 사람은 오감을 통해 보고, 듣고, 만지고, 맛보고, 냄새를 맡아 외부세계를 느끼고 인식한다. 또한 사람은 이성을 통해 사유해 외부세계를 인식한다. 오감은 감성의 통로가 되고 이성은 사고의 통로가 되어 외부세계와 소통한다. 기독교 신앙에서 이는 일반은혜의 영역에 속하는 것이다. 사람들은 오랜 세월 동안 오감과 이성을 통해 인식하고 소통하는 것에 익숙해 있고 또 길들여져 왔다. 그래서 오감과 이성으로 인식하는 것이 전부라고 생각하는 경향이 있다. 일반은 혜에 갇혀버리는 현상이다.

한편 성경은 오감과 이성을 통한 인식을 뛰어넘는 세계가 있다고 가르친다. "만물이 그에게서 창조되되 하늘과 땅에서 보이는 것들과 보이지 않는 것들과 혹은 왕권들이나 주권들이나 통치자들이나 권세들이나 만물이 다 그로 말미암고 그를 위하여 창조되었고"(골 1:16). 여기서는 '보이는 것들과 보이지 않는 것들'에 대해 말하고 있다. 고린도후서에서는 "우리가 주목하는 것은 보이는 것이 아니요 보이지 않는 것이니 보이는 것은 잠깐이요 보이지 않는 것은 영원함이라"(고후 4:18)라고 했다.

로마서에서는 "창세로부터 그의 보이지 아니하는 것들 곧 그의 영원하신 능력과 신성이 그가 만드신 만물에 분명히 보여 알려졌나니 그러므로 그들이 핑계하지 못할지니라"(롬 1:20)라고 했다. 이처럼 성경은 우리의 오감이나 이성으로 알 수 없는 세계가 있음을 분명히 하고 있다. 사람들은 이를 신비, 초월 또는 영성의 세계라고 부른다.

신앙에는 이런 신비적 요소가 포함된다. 성경은 이성을 뛰어넘는 신비한 가르침에 대해 이렇게 말한다. "누가 철학과 헛된 속임수로 너희를 사로잡을까 주의하라 이것은 사람의 전통과 세상의 초등학문을 따름이요 그리스도를 따름이 아니니라 그 안에는 신성의 모든 충만이 육체로 거하시고 너희도 그 안에서 충만하여졌으니 그는 모든 통치자와 권세의 머리시라"(골 2:8-9).

우리는 신앙 안에서 이성을 초월하고 오감을 뛰어넘는 세계를 경험한다. 하나님이 만드신 창조세계는 온갖 신비로 가득하다. 우리의 오감이나 이성으로 다 풀 수 없는 신비한 현상들은 우리를 깜짝깜짝 놀라게 하며, 경이로움을 갖고 창조세계를 바라보게 만든다.

사실 우리 일상의 삶 자체가 신비며, 우리 삶은 신비로 충만하다. 창조세계의 신비나 일상에서 만나는 일상의 신비만이 아니다. 성경은 일상의 신비를 뛰어넘는 초월적 신비를 보여준다. 병든 자가 고침 받고, 죽은 자가 살아나며, 닫혔던 옥문이 열리며, 바다가 갈라지는 일들을 보게 된다. 수많은 기적과 표적을 보게 된다. 성경은 이런 특별한 은혜에 관해 들려주고 보여준다. 우리는 성경을 통해 특별은혜의 세계가 있다는 것을 알게 된다.

우리가 '신앙한다' '믿는다'라는 것은 하나님의 이런 신비한 역사를 믿는 것이다. 우리는 신앙 안에서 창조의 자연법칙을 뛰어넘는 현상들을 경험하게 된다. 하나님이 지금도 기적을 행하시고 표적과 기사를 나타내시는 분임을 믿는 것이다. 그러므로 하나님은 오감으로 느끼고 이성으로 설명하기에는 너무 크신 분이다. 오감이나 이성으로 인식할 수 있는 하나님이라면 그 하나님은 절대적인 하나님이 아니다. 단지 우리의 인식능력 안에 존재하는 제한적인 하나님일 뿐이다.

신앙이 성장한다는 것은 신비에 대한 경험이 풍부해지고 확신이 더해가는 것이다. 우리는 성경을 통해 하나님의 신비를 확인한다. 그리고 성령의 깨닫게 하심을 통해 신비한 세계, 초월적인 은혜와 능력을 믿는다. 비록 내가 오감을 통해 경험하지 못했다 하더라도 하나님의 신비한 능력, 초월적인 역사는 지금도 충분히 일어날 수 있음을 믿는다.

그러나 내가 경험한 것만 믿는다면 이는 오감에 갇혀 사는 것이요, 내가 이해할 수 있는 것만 믿는다면 이는 이성에 갇혀 사는 것이다. 하나님의 신비는 오감과 이성을 초월한다. 신앙은 이 초월적 신비를 믿고 경험해가는 과정이다.

하나님의 신비는 내재적 신비와 초월적 신비로 설명된다. 하나님의 신비는 내재적이다. 이는 내 안에서 활동하는 신비를 가리킨다. 나로 하여금 깨닫게 하고 느끼게 하고 믿게 하는 신비다. 성령의 내주하시는 활동을 통해 경험할 수 있다(요 14:26).

성령은 내 안에 들어오셔서 깨닫게 하신다. 잘못을 뉘우치고 회개하게 하시며 용서할 수 없는 사람을 용서하게 하시고 감사할 수 없는 상황에서도 감사하게 하신다. 불안과 두려움에 떨 수밖에 없는 상황에서도 평안을 누리게 하신다. 그래서 우리는 기도한다. 기도를 통해 내재적 신비를 경험하는 것이다. 이런 내재적인 은혜가 우리를 거듭남의 길로 인도한다.

하나님의 신비는 내재적이면서 또한 초월적이다. 우리의 상식이나 합리적인 생각을 초월한다. 우리 경험의 법칙으로는 설명할 수 없는 일이 일어난다. 이런 초월적 신비는 사람의 가능성이 아니라 하나님의 가능성이다. 하나님의 창조공간이요 역사의 장이다. 우리는 믿고 맡기며 받아들일 뿐이다. 그러기에 이런 초월적 신비는 사람의 한계를 뛰어넘는 우리의 가능성이 되기도 한다. 상상을 초월하는 일, 예상할 수 없었던 일, 흔히 우리가 기적이라고 부르는 일은 바로 초월적 신비의 영역에 속하는 것이다. 우리 믿음의 사람들에게 이런 초월적 신비의 은혜는 항상 열려 있다. 그래서 우리는 기도한다.

초월적 신비는 특별은혜에 속한다. 일반은혜가 우리로 하여금 예측 가능한 삶을 살도록 하기 위한 하나님의 안전장치라면, 특별은혜는 우리로 하여금 한계를 뛰어넘어 역사하시는 하나님의 가능성을 의지하게 하는 하나님의 특별장치라 할 수 있다. 그러기에 특별은혜에 속하는 초월적 신비는 자주 일어나지 않는다. 하지만 그래도 우리는 기도한다. 초월하시는 하나님의 신비한 능력을 믿기 때문이다.

우리에게는 신비의 회복이 필요하다. 신비에 대한 신앙의 회복과 바른 가르침이 필요하다. 기독교 역사에서 초월적 신비주의는 대개 잘못된 길로 치우쳐왔던 경험이 있다. 초월적 신비경험이나 초월적 은사 경험을 절대화했기 때문이다. 주관적 신비주의, 자기절대화, 신비체험의 절대화는 경계해야 한다. 그러면서 신비에 대한 건전한 신앙을 다시 회복해야 한다.

내재적 신비와 초월적 신비의 균형 있는 회복은 지금 우리에게 주어진 과제다. 21세기는 영성의 시대라고 한다. 영성의 시대란 곧 신비의 시대라는 뜻을 함축하고 있다. 최근 서구사회나 젊은 세대들을 중심으로 "영적이지만 종교적이지는 않다(I am spiritual, but not religious)"라는 사조가 빠른 속도로 널리 확산되고 있다. 이들은 "기독교적이지만 제도적 교회에는 나가지 않는다" "영성에는 관심을 갖지만 종교는 거부한다"라고 주장한다. 영성을 잃어버린 교회, 신비를 잃어버린 교회를 향한 질타라 할 수 있다.

우리는 이를 복음적 영성, 성경적 신비를 회복해야 한다는 경고로 받아들여야 할 것이다. 기독교교육을 고민하는 사람이라면 이런 경고에 마땅히 귀를 기울여야 한다.

5. 자애

어느 날, 프랜시스가 섬기는 수도원에서 금식 기간 중 누군가 죽을 훔쳐 먹자 프랜시스의 제자들이 열을 올리며 분개했다. "이런 괘씸한 자가 있나!" 그 모습을 보던 프랜시스가 말했다. "얘들아! 죽을 가져와라! 같이 먹자!" 제자들이 물었다. "선생님! 금식 중에 죽을 먹다니요? 그래도 됩니까?" 프랜시스가 말했다. "얘들아! 죽 먹은 사람을 정죄하다가 있던 은혜도 다 없어지겠다. 이제 함께 죽을 먹고 하나가 되자!"

신앙의 요소에는 자애(mercy)가 포함된다. 자애는 사람과의 관계에

서 가져야 할 내면의 요소다. 하나님과의 관계에서 가져야 할 내면의
요소가 지식, 정서, 의지, 신비였다면 사람과의 관계에서 가져야 할
내면의 요소는 자애다.

하나님을 사랑하는 사람은 사람을 사랑한다. 하나님사랑과 사람사
랑은 하나님과의 관계를 이루는 양면이기 때문이다. "누구든지 하나
님을 사랑하노라 하고 그 형제를 미워하면 이는 거짓말하는 자니 보
는 바 그 형제를 사랑하지 아니하는 자는 보지 못하는 바 하나님을
사랑할 수 없느니라 우리가 이 계명을 주께 받았나니 하나님을 사랑
하는 자는 또한 그 형제를 사랑할지니라"(요일 4:20-21).

사람과의 관계에서 가져야 할 내면의 요소인 사랑을 표현하는 적
절한 단어를 찾기 위해 자비, 인애, 긍휼, 자애 등 많은 단어를 살펴
보았지만 가장 무난하다고 생각되는 단어로 자애가 떠올랐다. 여기
서 말하는 자애는 하나님을 사랑하는 사람이 사람을 향해 갖는 내면
의 상태이자 마음의 모습이다.

자애는 주님이 우리를 향해 보여주셨던 마음이다. "무리를 보시고
불쌍히 여기시니 이는 그들이 목자 없는 양과 같이 고생하며 기진함
이라"(마 9:36). "이에 일어나서 아버지께로 돌아가니라 아직도 거리
가 먼데 아버지가 그를 보고 측은히 여겨 달려가 목을 안고 입을 맞
추니"(눅 15:20). 또한 모세가 백성을 향해 품었던 마음이자(출 32:32),
바울이 자기 동포를 향해 가졌던 마음이기도 하다(롬 9:1-3). 이것이
우리가 사람을 향해 가져야 할 마음이다. "오직 사랑으로 서로 종 노

룻하라"(갈 5:13). 이처럼 자애로운 마음은 성도가 갖고 키워가야 할 소중한 덕목임을 알 수 있다.

자애로운 마음은 하나님과의 깊은 사랑에서 흘러나온다. 하나님과의 깊은 사랑에서 흘러나오지 않는 자애로움은 휴머니즘에서 나온 사랑이다. 성경은 우리에게 휴머니즘적 사랑이 아니라 신본적 사랑, 하나님의 중심에서 흘러나오는 사랑으로 사랑하라고 가르친다. 따라서 자애로운 마음은 하나님께 받은 무조건적인 사랑에 대한 반응이요, 하나님이 부어주시는 사랑의 힘으로 하는 사랑이다. 주님은 우리에게 "거저 받았으니 거저 주라"(마 10:8)라고 말씀하셨다.

사랑의 근원은 사람이 아니라 하나님이다. 사랑은 하나님께 속한 것이다. 하나님은 사랑이시다. 하나님만이 온전한 사랑이시다. "사랑은 여기 있으니 우리가 하나님을 사랑한 것이 아니요 하나님이 우리를 사랑하사 우리 죄를 속하기 위하여 화목 제물로 그 아들을 보내셨음이라"(요일 4:10). 그렇다. 이 사랑이 우리를 구원했다. 우리는 그 사랑으로 구원을 받았다. 우리는 그 사랑을 받은 사람이다.

"사랑하는 자들아 하나님이 이같이 우리를 사랑하셨은즉 우리도 서로 사랑하는 것이 마땅하도다"(요일 4:11). 하나님과의 사랑이 깊어질수록 이웃을 향한 사랑 또한 점점 더 깊어진다. 하나님을 향한 믿음이 더욱 깊어질수록 사람을 향한 사랑도 점차 깊어진다. 이것이 우리가 소망하는, 신앙이 성장해가는 모습이다.

하나님과의 관계에서 사랑이 지식, 정서, 의지, 신비의 모습으로 나타나듯 사람을 향한 자애로운 마음 또한 이와 비슷한 모습을 띠게 된다. 자애로운 마음을 갖게 되면 그 사람에 대해 알고 싶어진다. 관심을 갖고 다가간다. 더 알고 싶어진다. 아픔과 모자람도 알고, 이해하려고 노력하게 된다. 주변에 있는 사람뿐 아니라 소외당하고 고통중에 있는 사람의 소리에 귀를 기울이게 된다.

그리고 나아가 그 사람의 아픔이 나의 아픔이 되고, 그 사람의 모자람이나 허물을 보았을 때 채워주고 싶고 가려주고 싶은 마음을 갖게 된다. 그리하여 함께 공감하는 자리까지 나아간다. 더 나아가 뜻을 세우고 어떻게 이해하고 도와줄 수 있을까를 궁리한다. 심지어 자애로운 마음이 충만해지면 사랑하는 사람을 위하여 기꺼이 희생을 감수하게 된다. 부모가 자녀를 위해 희생하듯이, 친구가 친구를 위해 목숨을 버리듯이. 이런 자기희생적이고 자기초월적인 사랑의 자리까지 나아가게 된다.

하나님의 사랑에서 흘러나온 자애로운 마음은 사람에게만 국한되는 것이 아니다. 사람을 넘어 자연으로까지 확장된다(롬 8:22). 깨어진 창조의 자연질서로 인해 신음하는 자연의 소리에 귀를 기울이게 된다. 파괴되고 짓밟힌 자연환경을 보며 함께 아파하고, 해결을 위해 연구하고 행동하게 된다. 사람과 자연을 향한 이런 자애로운 마음을 키워가도록 하는 것이 기독교교육의 과제다.

6. 헌신

신앙에는 헌신(devotion)의 요소가 포함된다. 헌신은 하나님과의 관계에서 나타나는 외연이다. 하나님을 향한 신앙의 외적인 모습을 가장 잘 나타내는 단어가 헌신이다. 헌신은 일반적으로 몸과 마음을 바쳐 있는 힘을 다하는 행위를 가리킨다. 사전적으로는 "어떤 일이나 남을 위해서 자기 이해관계를 돌보지 아니하고 몸과 마음을 다하여 힘씀"을 가리킨다(동아 새국어사전, 1990년).

개역개정에 따르면 헌신이라는 단어를 사용하고 있는 성경구절은 4개다. "모세가 이르되 각 사람이 자기의 아들과 자기의 형제를 쳤으니 오늘 여호와께 헌신하게 되었느니라 그가 오늘 너희에게 복을 내리시리라"(출 32:29). "이스라엘의 영솔자들이 영솔하였고 백성이 즐거이 헌신하였으니 여호와를 찬송하라"(삿 5:2). "내 마음이 이스라엘의 방백을 사모함은 그들이 백성 중에서 즐거이 헌신하였음이니 여호와를 찬송하라"(삿 5:9). "주의 권능의 날에 주의 백성이 거룩한 옷을 입고 즐거이 헌신하니 새벽이슬 같은 주의 청년들이 주께 나오는도다"(시 110:3).

이 구절들에서 헌신은 하나님께 드리는 행위의 의미로 사용된다. 여기서 헌신으로 번역된 '말레'(출 32:29)는 '몸을 구별하여 드린다'라는 뜻이며, '나다브'(삿 5장)는 '자발적으로 드린다'라는 뜻이고, '네바다'(시 110:3)는 '나다브'의 명사형으로 역시 '자발적으로 드린다'라는 뜻으로 사용된다.

4개의 구절은 공통적으로 헌신의 대상을 하나님으로 삼고 있다. 헌신은 하나님의 자녀들이 하나님께 드리는 최상의 행위다. 성경적으로 헌신이라는 단어는 "하나님의 부르심에 순종하여 기쁜 마음으로 몸을 구별하여 하나님께 드리는 전인적 행위"라고 할 수 있다. 우리는 이런 헌신의 모습을 예수 그리스도에게서 찾을 수 있다.

예수 그리스도는 온전한 헌신의 본보기이며 모범이다. "인자가 온 것은 섬김을 받으려 함이 아니라 도리어 섬기려 하고 자기 목숨을 많은 사람의 대속물로 주려 함이니라"(막 10:45). 이 말씀에서 예수 그리스도의 헌신을 읽을 수 있다. 예수 그리스도의 삶은 하나님께 바쳐진 헌신된 삶이었다. 예수님의 헌신은 하나님을 향한 것이었다. 그 헌신의 목적은 우리를 죄에서 구원하는 것이었고, 헌신의 내용은 자기부인과 자기죽음이었다. 그리고 주님의 헌신은 십자가에서 대속(代贖)의 죽음으로 실증되었다. 예수를 그리스도로 믿고 따르는 제자라면 누구나 주님의 헌신을 본받아야 한다. 헌신은 신앙의 요소다.

신앙의 성장은 곧 헌신의 성장이다. 믿음이 자랄수록 헌신도 자란다. 헌신의 깊이가 깊어지고 그 넓이가 점점 넓어진다. 헌신은 실천이요, 행동이다. 행동으로 옮겨지지 않은 헌신은 헌신이 아니다. 헌신을 향한 결단은 의지에 속하지만 아직은 헌신한 게 아니다. 실제적인 헌신적 행위로 나타났을 때 헌신이 된다.

하나님을 향한 헌신은 예배, 찬양, 기도, 순종, 봉사, 구별된 삶의 형태로 나타난다. "기도, 찬송, 성경봉독과 해석, 죄의 고백, 성찬 거행을 통해 자신의 신앙을 표현하는 신자의 모임은 기독교신앙의 핵심이다. 이 예배의 행위에서 우리는 하나님에 대한 헌신을 표현한다"(엘리스 넬슨, 신앙교육의 터전, 100).

헌신된 사람은 예배한다. 예배는 헌신된 생활의 기초가 된다. 모든 헌신의 생활은 예배로부터 시작된다. 예배가 없는 헌신은 종교행위로 흐르게 된다. 먼저 예배를 통해 하나님과의 깊은 만남, 교통이 이루어져야 한다. 헌신된 사람은 찬양하고 기도한다. 헌신된 사람은 기꺼이 순종하며 봉사한다. 헌신된 삶은 삶 자체가 몸을 거룩한 산 제물로 드리는 예배적 삶이 된다(롬 12:1). 믿음이 자랄수록 삶의 전 영역에서 하나님의 부르심에 순종하는 헌신된 삶의 모습을 띠게 된다. 곧 헌신의 모범이 되신 예수 그리스도를 닮아가는 삶이다.

헌신(獻身)은 한자 그대로 몸(身)을 드리는 것(獻)이다. 여기서 몸을 드린다는 것은 말을 드리고, 몸을 드리고, 물질을 드리는 것을 의미한다.

말(言)의 헌신은 입으로 하나님을 찬양하고 경배하는 것이다. 하나님을 신인하고 하나님을 높이고 하나님께 감사한다. 그리고 입으로 하나님의 말씀에 순종한다. 입술의 제사이고 말의 예배다. 말의 헌신은 불신앙의 말을 버리고 믿음의 말을 취한다. 불평과 원망의 말을 버리고 감사와 찬양의 말을 한다. 욥은 고난 중에도 입술로 범죄하지 않았다고 했다. "우리가 하나님께 복을 받았은즉 화도 받지 아니하겠느냐 하고 이 모든 일에 욥이 입술로 범죄하지 아니하니라"(욥 2:10).
다윗은 입술로 항상 찬양하기를 원했다. "내가 여호와를 항상 송축함
이여 내 입술로 항상 주를 찬양하리이다"(시 34:1).

말의 헌신은 글의 헌신을 가리키기도 한다. 우리는 말 대신 글로
헌신을 표현할 수 있다. 하나님의 자녀들은 말로 찬양하듯이 글로도
하나님을 찬양한다. 글로 찬양하듯이 그림으로 찬양한다. 말로 예배
하듯이 글로 하나님을 경배한다. 요한 세바스찬 바흐는 작곡을 마친
후 악보의 끝부분에 'SDG'라고 썼다. 'SDG'는 'Soli Deo Gloria'의 이
니셜이다. "오직 하나님께 영광을!" 영광을 하나님께만 드린다는 그
의 신앙고백이다. 이는 바흐가 악보로 하나님을 찬양한 것이다.

몸(身)의 헌신은 무엇일까? "값으로 산 것이 되었으니 그런즉 너희
몸으로 하나님께 영광을 돌리라"(고전 6:20). 우리는 시간을 내어 몸으
로 예배하고 찬양한다. 그리고 시간을 내어 몸으로 봉사하고 섬기며
수고한다. 몸의 헌신은 시간(時)의 헌신과 맞물려 있다. 또한 몸의 헌
신은 재능의 헌신과도 맞물려 있다. 시간을 드려 재능으로 헌신한다.
시간의 헌신과 재능의 헌신을 따로 떼어 생각할 수도 있지만 실은 몸
의 헌신과 맞물려 있다. 재능을 기부하기 위해서는 시간과 몸을 함께
드려야 한다.

물(物)의 헌신은 물질로 섬기고 예배하는 것이다. 마음이 가는 곳에
물질이 간다. "네 보물 있는 그곳에는 네 마음도 있느니라"(마 6:21).
하나님은 즐겨 내는 자를 사랑하신다고 했다. "각각 그 마음에 정한

대로 할 것이요 인색함으로나 억지로 하지 말지니 하나님은 즐겨 내는 자를 사랑하시느니라"(고후 9:7). 하나님을 향한 헌신의 마음은 자원하는 마음으로 나타난다(출 35:29, 대상 29:9). 하나님께 드릴 뿐 아니라 이웃을 향해서도 즐거이 나눈다. 이런 헌신의 삶은 기독교교육에서 다뤄야 할 중요한 내용들이 된다.

7. 섬김

신앙의 요소에는 섬김의 요소가 포함된다. 섬김은 사람과의 관계에서 나타나는 외연이다. 자애로운 마음으로 사람을 보며, 하나님께 온전한 헌신의 삶을 사는 사람은 자연스럽게 다른 사람을 섬기는 삶을 산다. 성경은 섬김이 신앙을 구성하는 요소임을 분명히 하고 있다(사 58:6-7, 마 6:2-4). "행함이 없는 믿음은 그 자체가 죽은 것이라"(약 2:17). 여기서 행함은 곧 섬김을 가리킨다.

자애로운 마음은 섬김의 행동으로 완성된다. 자애가 내면이라면 섬김은 외연이다. 이 둘의 관계는 불가분리의 관계다. 자애와 섬김은 원인과 결과로 묶여 있다. 자애는 원인이 되고 섬김은 결과가 된다. 자애로운데 섬김이 나타나지 않을 수 없고, 섬김이 나타났는데 자애롭지 않을 수는 없다. 섬김은 자애로운 마음과 맞닿아 있기 때문이다. 간혹 자애에서 나오지 않는 섬김을 볼 수 있다. 이런 섬김은 가식적이거나 외식적인 섬김이다. 마음에도 없는 섬김이다. 단지 사람들에게 보이기 위한 것이거나 마지못해 하게 되는 율법적 행위다. 하나님은 이런 섬김을 기뻐하지 않으신다.

다음 이야기는 노벨문학상을 받은 작가 엘리 위젤이 쓴 「흑야(Night)」라는 소설의 한 대목이다.

남예멘의 아든에서, 배에 타고 있던 승객들이 '원주민'들에게 동전을 던져주면서, 원주민들이 그것을 줍기 위해 물속으로 다이빙하는 것을 보고 재미있어 하고 있었다. 그중에서도 매력 있고 귀족적인 파리 여성한 사람이 그 장난을 특별히 좋아했다.

그때 나는 원주민 어린이 두 명이 필사적으로 싸우면서 서로 목을 졸라 죽이려는 것을 목격했다. 나는 그 귀부인에게 돌아섰다. '제발' 나는 간청했다.

"이제 돈을 더 던지지 마십시오!"

"왜요?" 그녀가 말했다. "나는 자선하기를 좋아해요."

이건 자선이 아니다. 섬김으로 가장한 자기과시이며, 섬김이라는 이름으로 행해지는 인격 모독일 뿐이다.

이런 경우도 있다. 어떤 사람은 항상 힘들고 누추한 곳에서 봉사하기를 좋아했다. 이 사람은 남들이 거북해하고 기피하는 곳을 자처해 섬겼다. 우연한 기회에 그와 대화를 나누게 되었다. 자원하는 섬김의 모습을 격려하자 그는 손사래를 치며 말했다. "나 같은 사람은 더 험한 곳에서 고생을 해야 해요…." 이 성도의 봉사활동은 자기 자신에 대한 구박이요, 학대요, 처벌이었다. 자애로운 마음에서 나온 섬김이 아니었다. 그러나 섬김은 자애와 맞닿아 있어야 한다.

섬김은 헌신과도 맞닿아 있다. 헌신이 하나님과의 관계라면 섬김은 사람, 그리고 자연과의 관계다. 헌신이 하나님을 향한 사랑의 구체적인 표현이라면 섬김은 사람을 향한 사랑의 구체적인 표현이다. 뿐만 아니라 섬기고자 하는 마음은 하나님께 헌신하고자 하는 마음에서 솟아난다. 하나님을 향한 사랑이 사람을 향한 섬김으로 드러나는 것이다. 하나님을 사랑하는 마음은 자연스럽게 사람과 자연을 사랑하는 마음으로 그 모습을 드러낸다.

하지만 우리 주변에는 하나님에 대한 헌신에서 우러나지 않은 섬김도 있다. 하나님을 사랑하거나 예배하지 않지만 사람과 자연을 사랑하는 사람들이 있다. 이는 휴머니즘에 그 뿌리를 두고 있다. 휴머니즘에서 우러나는 사랑으로 사람과 자연을 사랑하는 것이다. 겉으로 드러나는 모습은 같아 보이지만 그 뿌리는 다르다. 휴머니즘에서 나온 섬김은 아름답고 귀한 것이긴 하지만 신앙에서 나온 것은 아니다.

우리 그리스도인이 가져야 할 섬김은 하나님에 대한 사랑, 하나님을 향한 헌신에서 우러나온다. 하나님을 향한 헌신은 사람과 자연을 향한 섬김으로 더욱 구체화된다. 하나님을 향한 헌신은 있으나 사람에 대한 섬김이 없다면 이는 위험한 신앙이다. 삶과 분리된 신앙이 될 수밖에 없기 때문이다. 섬김은 헌신과 맞물려 있어야 한다.

섬김의 영역은 넓다. 섬김의 대상은 사람이다. 섬김은 사람을 살리는 것이다. 사람을 죄에서 구원하고, 모든 불의의 사슬에서 벗어나도록 돕고, 참된 평화와 자유를 누리도록 서로 돕는 것이다. 죄에서 구원하는 것뿐만 아니라 영적인 눌림이나 무지에서부터 온갖 질병, 경제적인 가난, 사회적인 차별, 정치적인 억압, 문화적인 소외 등으로부터 살려내는 것이다. 주님은 우리에게 친히 이런 모범을 보이셨다. "예수께서 모든 도시와 마을에 두루 다니사 그들의 회당에서 가르치시며 천국 복음을 전파하시며 모든 병과 모든 약한 것을 고치시니라"(마 9:35). 뿐만 아니라 의도적으로 말씀을 통해 가르치셨다.

"예수께서 그 자라나신 곳 나사렛에 이르사 안식일에 늘 하시던 대로 회당에 들어가사 성경을 읽으려고 서시매 선지자 이사야의 글을 드리거늘 책을 펴서 이렇게 기록된 데를 찾으시니 곧 주의 성령이 내게 임하셨으니 이는 가난한 자에게 복음을 전하게 하시려고 내게 기름을 부으시고 나를 보내사 포로 된 자에게 자유를, 눈 먼 자에게 다시 보게 함을 전파하며 눌린 자를 자유롭게 하고 주의 은혜의 해를 전파하게 하려 하심이라 하였더라"(눅 4:16-19). 여기서 "이렇게 기록된 데를 찾으시니"라고 했다. 찾아서 읽으셨다는 것은 의도를 갖고 선포하며 가르치기 위해 읽으셨다는 것을 보여준다.

섬김은 사람을 대상으로 하지만 사람에게 국한되지 않는다. 사람과 자연, 사람과 정치, 사람과 사회는 뗄래야 뗄 수 없기 때문이다.

물고기가 물을 벗어나 살 수 없듯이 사람은 사람을 둘러싸고 있는 환경을 벗어나 살 수 없다. 창조주 하나님은 사람을 창조하시기 전에 천하만물을 창조하셨다. 마지막으로 사람을 창조하시고 천하만물을 맡기셨다(창 1:27-28). 사람은 하나님이 만드신 창조세계의 한 부분이며 관리자다. 환경이 파괴되고 자연이 고통을 당하면 사람도 고통을 당하게 된다. 생태계가 무너지면 사람의 삶의 자리도 무너진다. 따라서 섬김의 범위는 사람으로부터 자연으로 확대되어야 한다.

믿음의 성장이란 섬김의 영역이 점점 확장되는 것이다. 믿음이 자랄수록 섬김의 대상, 섬김의 영역이 점차 확장된다. 나로부터 시작해 너, 가족, 이웃, 민족, 세계인류로 확장된다. 사람으로부터 시작해서 산, 들, 강, 바다, 꽃, 나무, 반려동물에서 야생동물에 이르기까지 점점 확산된다. 하나님의 자녀들에게는 이 세상이 바로 섬김의 장이다.

섬김은 여러 가지 행동으로 표현할 수 있다. 첫째는 말(言)의 섬김이다. 우리는 말로 사람을 죽이기도 하고 살리기도 한다. 혀는 하나님을 찬양하고 이웃을 축복하는 데 사용되기도 하지만 길들이지 못하면 사람을 죽이는 독을 뿜어낼 수도 있다.

"혀는 능히 길들일 사람이 없나니 쉬지 아니하는 악이요 죽이는 독이 가득한 것이라 이것으로 우리가 주 아버지를 찬송하고 또 이것으로 하나님의 형상대로 지음을 받은 사람을 저주하나니 한 입에서 찬송과 저주가 나오는도다 내 형제들아 이것이 마땅하지 아니하니라"(약 3:8-10). 섬기는 말은 은혜로운 말, 믿음의 말, 정직한 말이다. 칭찬하고, 감사하고, 격려하고, 축복하고, 이해하고, 용서하는 말이다. 말의 섬김은 글로도 표현할 수 있다. 감사의 글, 격려의 글은 섬기는 글이다. 하지만 헐뜯고 저주하고 욕하는 말과 글은 죽이는 독이다.

둘째는 몸(身)의 섬김이다. 예수님은 제자들의 발을 손수 씻어주시며 몸으로 섬기는 것이 어떤 것인지 직접 보여주셨다(요 13:3-15). 몸으로 섬기는 것은 섬김의 기본이 된다. "부조 중에 최고의 부조는 사람 부조"라는 말이 있다. 몸으로 섬기고 참여하며 봉사하는 것이 가장 값진 섬김이 될 수 있다. 물질의 섬김도 귀하고 필요하지만 이보다 우선하는 것이 몸으로 하는 섬김이다. 가진 재능으로 필요한 것을 만들어 섬기는 것 또한 몸으로 섬기는 것이다. 시간을 내어 함께 있어주고, 들어주고, 함께 걸어주고, 대신 해주는 것 이것이 몸의 섬김이다.

태백에 있는 예수원을 방문했을 때 참 인상적이었던 시간은 목요일 저녁 시간이었다. 수련자나 방문차 들린 손님이나 다 함께 모여앉아 찬양도 하고 기도도 한다. 누구든지 원하는 사람이 이야기를 하고 기도를 부탁하기도 하며 함께 찬양하기를 청하기도 한다. 그러면 참석자들은 기꺼이 들어주고 기도를 해주며 함께 찬양한다. 아무리 지루하고 횡설수설한 이야기라도 끝까지 들어준다. 이 모임은 야간 통금시간 없이 성령의 인도하심 아래 자연스럽게 마무리될 때까지 계속된다. 이 시간을 '몸 섬김의 밤'이라고 부른다. 몸의 섬김이 얼마나 놀라운 열매를 가져오는지를 경험할 수 있는 시간이었다.

셋째는 물(物)질의 섬김이다. "내 형제들아 만일 사람이 믿음이 있노라 하고 행함이 없으면 무슨 유익이 있으리요 그 믿음이 능히 자기를 구원하겠느냐 만일 형제나 자매가 헐벗고 일용할 양식이 없는데 너희 중에 누구든지 그에게 이르되 평안히 가라, 덥게 하라, 배부르게 하라 하며 그 몸에 쓸 것을 주지 아니하면 무슨 유익이 있으리요 이와 같이 행함이 없는 믿음은 그 자체가 죽은 것이라"(약 2:14-17). 물질의 섬김이 얼마나 중요하고 필요한지 지적해주는 말씀이다.

유대인에게는 3대 의무라는 것이 있다. 회개(테슈바), 기도(트필라) 그리고 자선(쩨다카)이다. 예수님은 산상수훈에서 구제생활, 기도생활, 그리고 금식생활에 관해 말씀하시면서(마 6장), 유대인들의 구제와 기도, 금식(회개)이 타성에 젖어 형식화되고 외식적인 의식이 되어버린 것을 지적하셨다.

구제나 자선은 물질로 섬기는 것이다. 이러한 물질의 섬김은 물질의 주인이 하나님이시고, 나는 물질의 청지기라는 생각을 바탕에 깔고 있다. 청지기는 물질을 주인의 뜻에 맞게 사용한다. 주인이 쓰라는 곳에 쓴다. 따라서 자연스럽게 물질로 섬기는 삶을 살게 된다.

	하나님 알기의 내면	하나님 알기의 외연
대신관계	지식 　– 기억하기 　– 이해하기 　– 깨닫기 감정 의지 신비	헌신 　– 말(言)의 헌신 　– 몸(身)의 헌신 　– 물(物)의 헌신
대인관계	자애	섬김 　– 말(言)의 섬김 　– 몸(身)의 섬김 　– 물(物)의 섬김

[신앙의 구성요소를 세부적으로 나타내는 그림]

제8장

신앙의 구성요소로 살펴본 7가지 병리현상

우리는 주위에서 모범적인 신앙의 모습으로 좋은 본을 보이는 신앙을 만날 수 있다. 귀감이 되고 복음의 향기를 진하게 풍기는 신앙의 모습들이다. 이런 모습들은 보고 들을 때마다 마음을 흐뭇하게 하고 닮고 싶은 마음을 갖게 만든다. 한편 삐뚤어지고 병든 신앙의 사례들도 끊임없이 보도되고 있다.

이 책의 원고를 한창 마무리할 즈음, 마음을 무겁게 만드는 끔찍한 기사들이 보도되었다. 신실한 믿음을 갖고 고등학교 교사로 재직 중인 아버지가 딸아이를 어릴 때부터 부적절하게 대하면서 자신의 욕망을 채워왔다는 것이다. 이 일은 딸이 성인이 되어서까지 계속되었고 가족들은 늘 공포에 떨어야 했다. 또 사이비 목사 부부가 어린 세 자녀에게 들어 있는 귀신을 쫓는다며 며칠씩이나 굶기고 손을 묶어

놓은 상태에서 폭행을 가해 숨지게 한 사건이 일어났다.

이런 극단적인 사례가 아니더라도 삐뚤어진 신앙의 사례들은 얼마든지 찾아볼 수 있다. 물질의 노예가 된 행동, 권력이나 명예의 노예가 되어 자리를 차지하기 위해 수단과 방법을 가리지 않는 일, 온갖 욕구를 다스리지 못해 무너지는 사례 등…. 어떻게 이런 일들이 일어나는 걸까? 하나님을 믿고 성경말씀을 읽고 기도하며 산다면서 어떻게 이런 현상들을 일으키는 걸까? 어떻게 믿는 사람들이, 어떻게 교회가 이럴 수 있는지 답답하고도 안타까운 의구심을 갖게 하는 일들이 끊임없이 일어난다.

모두가 신앙에 대한 잘못된 이해에서 비롯된 것이다. 신앙이 무엇인지, 믿음이 좋다는 것이 어떤 것인지에 대해 잘못된 가르침을 받았거나 믿음에 대한 오해로 그릇된 착각을 하고 있기 때문이다. 하나님을 믿는다는 것이 무엇을 의미하는지, 하나님을 섬긴다는 것은 어떤 것인지, 하나님을 기쁘시게 하는 것이 어떤 것인지와 같은 신앙과 직결되는 물음에 대해 진지하게 생각하지 않거나 뭔가 크게 오해하고 있기 때문에 나타나는 현상이다.

여기서 그릇된 신앙현상에 대해 다 다룰 수는 없다. 또 이 책은 그릇된 신앙현상을 분석하고 연구하기 위한 책이 아니다. 그러나 이제는 왜곡되고 삐뚤어진 신앙현상에 대한 구체적인 연구가 필요하다. 무엇이 어떻게 잘못되었는지 그 근원을 살펴 해결을 위한 실마리를 찾아가야 한다. 이런 노력 없이 새로운 부흥을 기대하기는 어렵다.

우리에게는 부흥이 필요하다. 하나님이 부어주시는 부흥, 우리를 다시 거룩하게 씻어주시고 빚어주시는 거룩한 부흥이 절실하다. 부흥을 위해서는 우리 자신을 근원부터 살피는 노력이 있어야 한다. 뼈를 깎는 회개와 노력이 뒤따라야 한다. 이것은 맹목적 성장주의가 난무하고 성공주의 복음이 범람하는 이 시대를 살아가는 우리에게 주어진 준엄한 부담이요, 꼭 풀어야 할 숙제다. 이런 노력이 활발하게 일어나기를 기대하고 기도한다. 다만 여기서는 우리가 지금까지 살펴본 신앙의 7가지 구성요소를 생각하며 그와 관련된 병리현상들을 살펴보고자 한다.

건강한 신앙의 모습을 갖기 위해서는 신앙의 7가지 요소들 즉 지식, 감정, 의지, 신비, 헌신, 자애, 섬김을 균형 있게 길러야 한다. 만약 하나의 요소에만 너무 치우치거나, 특정 요소만을 강조하게 될 때, 신앙은 심각한 문제를 일으키게 된다. 신앙이 좋은 것 같으나 실은 균형을 잃은 병든 신앙이 된다. 자기만의 신앙세계에 갇혀 다른 사람의 신앙을 폄하하기도 하고, 영적 엘리트의식에 빠져 교만해지기도 한다. 이렇게 되면 스스로를 비교우월의식이나 비교열등의식에 빠뜨리게 된다. 다양한 신앙의 모습을 갖고 건강한 주님의 몸된 공동체를 이루기보다 오히려 주님의 몸된 공동체를 깨뜨리고 분열로 몰고 가기도 한다. 본 장에서는 앞서 소개한 요소들 중 어느 하나의 특정 요소에만 지나치게 치우칠 때 나타나는 신앙적 병리현상들에 대해 살펴보고자 한다.

[신앙의 7가지 구성요소와 병리현상]

1. 이성주의

이성주의 신앙은 신앙의 지식적인 요소에 지나치게 치우칠 때 나타
나는 현상이다. 신앙에는 분명 합리적인 면이 있다. 신앙은 미신과
다르다. 미신은 무엇을 어떻게 믿는지 모르고 믿는 것이다. 믿음의
대상도 있고, 그 대상을 섬기는 믿음의 행위도 있지만 막연할 뿐이
다. 반면 신앙은 알고 믿는 것이다. 우리는 누구를 믿고, 무엇을 믿는
지 알고 믿는다. 어떻게 믿는지를 알고 믿는다.

"덮어놓고 아멘" 하는 것은 좋은 신앙의 태도가 아니다. 하나님이 기뻐하시는 신앙이란 베뢰아 사람들처럼 "말씀을 받고 이것이 그러한가 하여 날마다 성경을 상고"(행 17:11)하는 신앙이다. 생각하지 않는 신앙은 위험하다. 생각 없이 하는 '아멘'은 정말 위험하다. 하나님은 우리에게 사고할 수 있는 머리를 주셨다. 그러므로 생각을 게을리하는 것은 잘못이다. 제임스 스캇 펙의 지적처럼 '생각의 게으름'은 죄다.

신앙은 이성적이고 합리적인 면이 있다. 그렇다고 해서 신앙이 이성적이고 합리적인 세계에만 머무는 것은 아니다. 신앙은 이성을 뛰어넘는다. 논리를 초월하고 합리성을 초월하기도 한다. 신앙은 과학이 아니다. 과학을 뛰어넘어 영적인 신비까지 나아간다. 과학이 아니라 과학의 기원을 향해서까지 나아가는 것이 신앙이다.

하나님은 만물의 기원이시다(창 1:1). 만물은 여호와 하나님으로부터 나왔다. 신앙은 그 하나님을 향해 나아가는 것이다.

사람의 이성으로 하나님을 알 수는 있지만 하나님을 다 알 수는 없다. 사람의 머리는 하나님을 다 담을 수 없다. 하나님을 다 담을 수 있다면 그건 사람이 아니거나 하나님이 아닐 것이다. 하나님을 사람의 머리에 다 담을 수 있다고 생각하는 것, 하나님을 사람의 머리로 다 알 수 있다고 생각하는 것, 이것이 바로 죄이고 타락한 이성의 모습이다.

2. 주정주의

주정주의 신앙은 주관적이고 감정적인 경험을 지나치게 강조한 나머지 감정적인 경험이 마치 은혜의 경험인 것처럼 오해하는 경우다. 신앙에는 정서적인 요소, 감정적인 요소가 있다. 이런 감성적인 경험은 생활의 기폭제가 된다. 예배, 찬송, 기도 또는 성도들과의 나눔을 통해 감정적으로 다가오는 경험은 큰 힘이 된다. 위로가 되기도 하고 더욱 분발하게 하는 자극이 되기도 하며 회개하고 통회하게 하는 기폭제가 되기도 한다.

이런 감정적인 경험은 우리에게 시원함을 주며 심리적 해소(catharsis)가 일어나기도 한다. 경우에 따라서는 중독성을 나타내기도 한다. 그래서 지나치게 감정적 경험에 집착하는 모습을 보이게 된다. 뜨거운 눈물이나 화끈한 느낌, 울컥하는 감정과 같은 감정적인 느낌이나 증상이 없으면 마치 은혜가 없는 것처럼 오해한다. 심지어는 아예 이런 감정적인 자극을 의도적으로 만들어내려는 유혹을 받기도 한다. 분위기를 조작하거나 음악을 통해 감정몰이를 하려는 경우가 이에 해당한다.

성령이 역사하시면 감정적인 변화가 일어난다. 회개의 눈물을 흘리게 하시고, 감사의 눈물을 흘리게 하신다. 불안과 두려움에 떨던 마음에 형언할 수 없는 평안이 밀려오는 경험을 하기도 한다.

성령의 역사나 만져주심은 감정을 자극하는 동시에 감정을 통제하고 절제하게 하신다.

우리는 감정적인 경험이 내 감정인지 하나님이 주신 은혜로 나타난 정서적인 반응인지를 잘 분별해야 한다. 내 기분에 도취된 것인지 하나님이 주신 기쁨인지를 살펴보아야 한다. 내 걱정인지 하나님이 하게 하시는 근심인지를 분별해야 한다(고후 7:9-10).

성령 안에서 허락하신 감정적인 경험은 우리에게 유익하다. 이런 감정적인 경험을 거부하거나 제한해서는 안 될 것이다. 동시에 감정적인 경험에 너무 집착한 나머지 감정적인 경험이 곧 은혜 체험인 것처럼 생각하는 우를 범하는 것도 경계해야 한다. 자칫하면 감성적 자기만족이 은혜이고 믿음생활인 줄 아는 착각에 빠질 수 있다.

3. 공상주의

신앙에는 의지적인 요소가 있다. 하나님의 은혜는 우리의 의지를 회복시킨다. 은혜를 받으면 마음이 새로워지고 각오가 달라진다. "주여 나를 보내소서" 하며 하나님의 뜻대로 살고자 하는 뜻을 세우게 된다. 헌신의 삶을 살고, 하나님의 영광을 드러내는 삶을 살고자 하는 의지를 갖게 된다. 십자가의 삶을 살고, 좁은 길을 가겠다고 의지를 불태우게 된다. 심지어 '자발적 가난'의 삶을 꿈꾸게 된다.

이처럼 거룩한 뜻을 세우고 거듭 의지를 불태우는 것은 너무나 귀한 것이다. 이런 거듭난 의지, 거룩한 꿈에 철저한 자기 노력과 희생이 뒤따를 때 그 삶은 빛나는 삶이 되고, 하나님의 영광을 드러내는 거룩한 무기가 된다.

하지만 뜻을 세우고, 의지를 불태우는 것으로 끝나버린다면 심각한 문제가 생긴다. 결심하고 뜻을 세운 것을 마치 다 끝난 것처럼 생각한다면 아무것도 남은 것이 없다. 말만 할 뿐 노력과 행동이 따르지 않는다면 아무런 일도 일어나지 않는다. 실천이 뒤따르지 않는 결심은 무기력하다.

「바보들은 항상 결심만 한다」라는 책이 소개된 적이 있다. 여기에서 말하는 바보는 결심하다가, 뜻을 세우기만 하다가 시간을 다 보낸다. 이는 공수표를 남발하는 것이요, 공상에 지나지 않는다. 허풍이고 떠벌이일 뿐이다. 신앙은 공상가를 만드는 것이 아니다. 신앙은 뜻을 세우게 하고 세운 뜻을 이루게 한다. 행동으로 옮기지 않은 의지는 반쪽에 지나지 않는다. 의지는 행동으로 옮겨질 때 빛난다.

4. 신비주의

신비는 가려진 것이다. 신비의 세계는 우리가 다 알 수 없다. 우리는 신앙 안에서 신비를 경험한다. 기도하면서 신비를 경험하기도 하고, 예배를 드리면서 신비를 경험하기도 한다. 성경은 신비로 가득하다.

하나님의 창조부터 모든 것이 신비다. 자연 속에는 우리가 모르는, 알면 알수록 신비한 것들로 가득하다.

이런 내재적 신비뿐 아니라 성경에는 초월적 신비가 가득하다. 홍해를 건너는 이야기, 여리고 성이 무너지는 사건, 삼손이 태어나는 이야기, 예수님이 환자를 고치신 이야기, 예수님이 죽음에서 사흘 만에 다시 살아나시는 이야기 등 셀 수가 없다. 하나님이 만드신 창조 세계 속에 담겨 있는 내재적인 신비뿐 아니라 창조의 질서를 뛰어넘는 초월적인 신비까지, 하나님의 세계는 신비로 가득하다.

우리는 신비를 믿는다. 이 신비는 우리 신앙의 중요한 요소이며, 신앙경험의 보고이기도 하다. 신비는 우리를 놀라게 한다. 신비는 우리의 지성을 깨뜨린다. 신비는 우리의 상상을 초월한다. 그래서 사람들은 신비에 열광한다. 열광한 나머지 심취한다. 신비에 빠져든다. 신비에 침착한다. 신비하지 않으면 마치 신앙이 아닌 것처럼 생각한다. 신비의 경험이 곧 신앙이라고 생각한다. 신비의 경험이 곧 은혜의 경험이라고 생각한다. 그래서 은사에 집착하고, 초월적인 신비 경험에 매달린다. 이는 참 위험한 신앙이다.

신비는 하나님의 영역이요, 하나님의 주권에 속한 것이다. 하나님은 때때로 크고 작은 신비를 경험하게 하신다. 그것은 우리의 영적 유익을 위해 주시는 특별한 은혜다. 이 모든 신비는 말씀을 통해 검증되고 해석되어야 한다. 기도 중에 주님의 형상을 보았든, 영적인 음성을 들었든, 신비한 빛을 보았든, 성령의 은사를 경험했든, 모든 신비한 경험은 말씀에 비춰보아야 한다. 말씀이 신앙의 유일무이한 표준이기 때문이다. 어떤 신비한 경험도 하나님이 우리에게 주신 말씀을 능가할 수는 없다.

그리고 우리가 알고 믿는 가장 크고 놀라운 신비는 예수 그리스도다. 이보다 더한 신비는 없다. 예수 그리스도 안에 있다면 우리는 이미 신비 안에 있는 것이다. 신비를 믿고 신비를 구하는 것은 좋은 것이지만 신비에 침착하고 신비의 경험이나 신비한 현상으로 모든 것을 평가하는 것은 빗나간 신앙이다. 이럴 경우 신앙은 자칫 정적주의나 은사주의에 빠지게 된다.

주님을 드러내지 않고 교회에 유익을 주지 않는 신비는 유혹이다. 또한 우리가 믿고 고백하는 신비는 현실적인 감각을 벗어나 허공에 떠 있는 사람을 만드는 신비가 아니다. 신앙은 현실적이면서 신비적이다. 현실에 충실하면서 신비를 바라본다. 따라서 현실과 동떨어진 신비는 위험하다.

5. 형식주의와 위선주의

헌신은 나를 드리는 행위다. 헌신은 하나님께 드리는 최고의 행위다. 하나님은 우리의 헌신을 기쁘게 받으신다. 또한 자원하는 마음으로 드리는 헌신을 원하시며, 신령과 진정으로 드리는 헌신을 기뻐하신다. 신앙의 헌신은 드려야 하기 때문에 드리는 것이 아니라, 드리고 싶어서 드리는 헌신이다. 이것이 신앙적 헌신의 속성이다.

헌신의 행위에는 여러 가지가 있다. 우리는 헌신의 뜻을 담아 하나님께 예배를 드리고 찬양과 기도를 드린다. 입으로 하나님을 찬양하며 몸으로 하나님을 섬긴다. 물질을 드려 주님의 몸된 교회를 섬기고, 몸으로 몸된 교회를 섬기기도 한다. 우리는 이런 헌신의 생활을 통해 하나님을 향한 우리의 마음을 드리며 사랑을 고백한다.

그러기에 하나님께 헌신할 수 있음은 더없는 기쁨이다. 하나님을 섬길 수 있다는 것, 하나님을 위해 뭔가를 드릴 수 있다는 것, 하나님을 위해 뭔가를 할 수 있다는 것, 그건 무엇과도 바꿀 수 없는 기쁨이요, 영광이다. 그래서 온전한 신앙의 사람은 헌신하기를 기뻐한다. 그리고 이런 헌신의 생활을 통해 우리의 신앙은 점차 자라게 된다. 하나님께 드리는 헌신이 오히려 나에게 영적 유익이 되어 돌아오는 것이다.

그런데 안타깝게도 이처럼 거룩하고 유익한 헌신이 때로는 형식적이고 가식적인 헌신으로 변하는 경우가 있다. 마음이 없으면서 마지못해 하는 헌신이다. 겉과 속이 다른 헌신이다. 마음에는 없지만 후한이 두려워서 하는 헌신, 이것은 율법주의에 빠진 헌신이다. 마음에는 없지만 주변 사람들의 눈을 의식해 체면치레로 드리는 헌신, 이것은 위선이다. 심지어 마음 없이 형식적으로 모양만 갖추어 드리는 헌신, 이것 또한 위선이요, 외식이다. 이런 사람들에게 헌신은 메마른 종교의식에 불과하다.

신앙은 헌신을 일으킨다. 신앙은 우리로 하여금 주님께 뭔가를 드리고 싶은 헌신의 사람으로 만든다. 이런 헌신의 삶은 아름답고 눈부시다. 하지만 헌신이 의무가 되고 형식이 되며 의식이 되면 그 신앙은 생명을 잃은 신앙이 된다.

헌신을 잘못 이해할 때 나타나는 또 하나의 삐뚤어진 모습은 '고르반 신앙'이라 부를 수 있는 위선적인 신앙이다. "너희는 이르되 사람이 아버지에게나 어머니에게나 말하기를 내가 드려 유익하게 할 것이 고르반 곧 하나님께 드림이 되었다고 하기만 하면 그만이라 하고"(막 7:11)라는 말씀에서 '고르반 신앙'을 찾아볼 수 있다. 하나님께 드리는 것을 핑계 삼아 마땅히 섬겨야 할 부모에 대한 도리를 회피하는 것이다. 이런 고르반 신앙은 우리 주위에서 쉽게 찾아볼 수 있다.

교회 일을 한다는 핑계로 살림은 팽개치고 다니는 모습, 직장 사무실에서 근무 시간에 성경책을 읽고 있는 모습이 전형적인 고르반 신앙이다. 교회에서는 매우 신실한 것처럼 행동하는데 집이나 사회생활에서는 전혀 다른 이중적인 모습을 보이기도 한다. 모두가 헌신을 잘못 이해해 생기는 문제들이다.

6. 인본적 감성주의

하나님을 향한 사랑은 하나님께 드리는 헌신이 되기도 하고 사람을 향한 인애의 마음이 되기도 한다. 인애의 마음은 그 뿌리가 하나님을 향한 사랑이다. 하나님을 향한 사랑에서 나오지 않는 인애는 의심스럽다. 인본(人本)에서 나온 사랑이기 때문이다. 인본에서 나오는 사랑은 자기를 위한 사랑이거나 인본적인 생각에서 나온 사랑이다.

신앙적인 사랑은 인본적인 사랑과 다르다. 신앙적인 사랑은 그 뿌리가 사람이 아니라 하나님이다. 나를 사랑하시고 구원하신 하나님(예수 그리스도)을 향한 사랑에서 사람을 향한 사랑, 즉 인애의 마음이 나온다.

나를 사랑하신 그 하나님이 너(다른 사람)도 사랑하신다. 나를 향한 사랑과 똑같은 사랑으로 너를 사랑하신다. 나를 사랑하시듯 나의 남편도, 아내도, 자녀도 사랑하신다. 나를 사랑하시는 그 사랑으로 이웃도, 친구도, 동포도, 세계 모든 사람도 사랑하신다. 그 사랑은 똑같은 사랑이다.

그러므로 하나님을 사랑하는 사람은 사람을 사랑하게 된다. 하나님이 나를 하나님의 형상으로 보시듯, 나 또한 너(이웃)를 하나님의 형상으로 본다. 이 인애의 마음에서 순수한 자비가 나오고 호의가 나온다. 여기서 있는 그대로를 받아주고 사랑하는 마음이 자란다. 존중하는 마음, 따뜻하게 대하는 마음이 자란다. 이런 마음은 섬김의 토양이 되고 자원이 된다.

　인애의 마음이 섬김으로 나아가지 못하면 끔찍한 결과를 초래한다. 입으로만, 생각으로만, 마음으로만 사랑하는 감성적이고 감상적인 사랑에 머물러버리고 만다. 결국에는 가식적이고 위선적인 모습이 된다.

　섬겨야 할 사람을 보고 사랑을 느끼며 눈물짓는 것을 마치 사랑을 다 한 것으로 착각하는 끔찍한 오류에 빠지게 된다. 이는 자기기만이다. 이처럼 섬김의 행동이 따르지 않는 인애의 마음은 자칫 위선적인 사람, 자기기만에 빠진 사람을 만든다. 경계해야 할 위험이다.

7. 행동주의

행동하는 신앙은 아름답다. 인애의 마음은 실천과 행동을 통해 완성된다. 인애의 마음에서 우러나온 이런 행동을 섬김이라고 한다. 하나님을 사랑하는 마음에서 나온 사람을 향한 인애의 마음은 섬김의 행동으로 완성된다.

　섬김의 실천은 여러 가지 형태로 표현된다. 우리는 말로 섬기고 몸으로 섬기며 물질로 섬긴다. 우리는 입을 열고 마음을 담아 칭찬하고, 감사하고, 격려하고, 축복하고, 용서하는 말을 함으로써 섬길 수 있다. 우리는 물질을 나누고, 시간을 내고, 재능을 기부하고, 화해의 손짓을 하고, 양보의 미덕을 보이고, 친절을 베풀고, 복음을 전함으로써 섬김을 실천할 수 있다.

사실 최고의 섬김은 이웃을 그리스도의 사랑으로 섬겨 복음을 전하는 것이다. 복음 전파는 하나님을 향한 사랑과 사람을 향한 사랑의 결정판이다. 하나님이 가장 기뻐하시는 것이 복음을 전하는 것이요, 사람에게 가장 필요한 것이 복음이기 때문이다.

이처럼 섬김은 다양한 모습을 실천할 수 있다. 섬김의 실천은 아무리 강조해도 지나치지 않다. 야고보는 "행함이 없는 믿음은 그 자체가 죽은 것"(약 2:17)이라고까지 했다. 신앙은 행동을 수반한다. 이것이 신앙의 속성이다. 그러기에 야고보서의 말씀은 결코 지나치지 않다. 하지만 섬김의 실천은 자칫 행동지상주의의 함정에 빠질 수 있다. 믿음은 행동을 수반한다. 하지만 행동이 곧 믿음은 아니다. 믿음이 없어도 섬길 수 있다. 이웃을 돕고, 환경을 보호하고, 정의를 실현하기 위해 싸울 수 있다. 분명 아름다운 모습이다. 그러나 그 행동이 믿음을 대신할 수 없다. 신앙은 윤리적이다. 하지만 윤리적이라고 해서 신앙적이라고 할 수는 없다.

또 하나 우리가 경계해야 할 것은 위선적이고 가식적인 행동이다. 말과 행동이 다르거나 겉과 속이 다른 경우다. 마음에도 없는 말을 하거나, 말은 번지르르하지만 행동이 뒤따르지 않는 경우다. 행동주의는 이런 위선에 빠질 수 있다.

삐뚤어진 신앙의 모습은 이외에도 배금주의에 바탕을 둔 기복주의, 인본주의에 뿌리를 둔 성공주의, 심리적 욕구에 기반을 둔 자기 만족주의 신앙 등 여러 가지를 지적할 수 있다. 이런 병리적 신앙현상에 대해서는 보다 더 체계적이고 구체적인 연구가 필요하다. 반성 없이 바른 성장은 없다. 성찰은 성장을 위한 통과의례다. 실패는 성공을 위한 학습이다. 병든 신앙에 대해 정직하게 성찰하고 반성할 때, 주님은 우리 안에 은혜의 새 살을 돋아나게 하실 것이다.

우리는 연약하다. 우리는 질그릇일 뿐이다. 우리가 완전하고 대단해서 하나님께 영광을 돌릴 수 있는 것은 아니다. 부족하고 허물이 있지만 주님 앞에 정직하게 내어놓을 때, 우리의 부족함에도 불구하고 하나님은 영광을 드러내실 것이다.

하나님은 그분의 영광을 위해 일하신다. 하나님은 영광을 드러내시기 위해 누군가의 도움이 필요한 분이 아니시다. 하나님은 스스로 영광을 드러내신다. 우리는 다만 질그릇 같은 모습으로 그 영광스러운 일에 쓰임 받는 은혜를 누릴 뿐이다. 우리가 할 일은 성령이 가르쳐주시고 감동시켜주실 때, 기꺼이 순종함으로 더 낮아지고 더 순종하며 더 섬기는 것이다. 성령님 앞에 부끄러운 모습까지도 정직하게 내어놓는 것이다. 그때 우리와 우리의 교회는 하나님이 스스로 영광을 드러내시는 영광스러운 텃밭이 될 것이다.

제9장

신앙교육과 변화이론

신앙생활은 변화의 과정이다. 신앙은 변하면서 자란다. 신앙의 성장은 곧 변화의 과정이다. 변하지 않으면 성장하지 않는다. 앞에서도 살펴본 바와 같이 교육은 변화시키는 것이다. 교육의 핵심은 변화시키는 것이다. 신앙도 변화에 초점을 두고 있다. 따라서 신앙교육을 생각하고, 신앙교육의 방법을 연구하다 보면 자연스럽게 변화이론에 관심을 갖게 된다. 또한 변화의 시대에 교육과 목회를 하기 위해서는 변화이론에 대해 관심을 갖지 않을 수 없다.

변화이론은 조직변화이론과 개인변화이론으로 나누어진다. 조직변화는 교회행정학이나 리더십이론 등에서 다루는 문제다. 변해야 한다. 교회는 끊임없이 개혁하며 변해야 하고, 학교도 변해야 한다. 변하지 않으면 썩고, 썩으면 도태된다. 그래서 최근에 와서 교회행정이나 리더십 분야에서 조직변화이론에 대한 관심이 높아지고 있다. 필자도 행정이나 리더십에 대해 강의할 기회가 있을 때마다 변화이론을 소개하려고 애쓰고 있다.

본 글에서는 개인변화이론을 신앙교육이라는 관점에 초점을 맞춰 설명하고자 한다. 신앙교육은 곧 변화를 일으키기 위한 거룩한 노력이기 때문이다.

1. 신앙과 성화

신앙은 자라는 속성을 갖고 있다. 자라지 않는 신앙은 문제가 있다. 신앙은 "그리스도의 장성한 분량에 이르도록"(엡 4:13) 자라가야 한다. 신앙은 일련의 과정을 거쳐 자란다. 신앙이 자라는 과정을 이해하려면 자연인, 칭의, 성화, 영화라는 단어들을 이해할 필요가 있다.

모든 사람은 세상에 태어나 자연인의 삶을 산다. 자연인이란 아직 하나님을 알지 못하고 예수 그리스도를 만나지 못해 성경적인 가르침 안에 들어오지 않은 상태를 가리킨다. 사람은 자연인으로서 지식도 쌓고, 돈도 벌고, 명예도 얻고, 인기를 누리고, 권력을 얻고, 성공을 하기도 한다. 이러한 자연인의 삶은 그 자체로 소중하고 중요하다. 하지만 신앙의 관점에서 볼 때, 자연인의 삶은 뭔가 부족한 삶이요, 가장 본질적인 것을 잃은 삶이요, 채워도 만족이 없는 삶이요, 세상적인 삶이다. 사회적으로 성공하고 출세하지만 신앙적인 관점에서 볼 때 영적 생명이 없는 삶이요, 헛된 것을 좇아 살아가는 삶이다. 하나님을 떠난 죄인이요, 하나님의 구원 밖에 있는 사람이다.

성경은 이런 자연인을 가리켜 "그리스도 밖에 있었고 이스라엘 나라 밖의 사람이라 약속의 언약들에 대하여는 외인이요 세상에서 소망이 없고 하나님도 없는 자"(엡 2:12)라고 부른다.

이렇게 자연인으로 살다가 '어떤 기회에' 예수 그리스도를 알게 되고 믿게 된다. 예수 그리스도가 그 사람을 불러주신 것이다. 이때부터 자연인은 이제 자연인의 신분에서 하나님 자녀의 신분으로 바뀌게 되고, 본격적인 믿음의 길을 가게 된다. 예수 그리스도가 십자가에서 죽으심으로 하나님을 떠나 살던 나의 죄를 다 사해주시고, 이제 나를 예수 그리스도의 은혜로 죄사함 받은 의(義)로운 사람으로 인정해주신다. 이처럼 나를 의로운 사람이라 불러주신다고 해서 이를 '칭의(稱義)'라고 한다.

칭의(justification)는 예수 그리스도를 나의 구주로 믿고 구원을 얻는 중생(born again)의 사건을 가리킨다. 의롭다 칭함을 받는 순간, 겉으로 달라지는 것은 없다. 하지만 내면적으로는 엄청난 변화가 일어난다. 죄인이 의인이 되며, 세상의 사람이 하나님의 사람이 되고, 심판의 사람이 구원의 사람이 되는 것이다. 영적 생명이 살아날 뿐 아니라 영생의 소망을 가진 사람이 된다. 이는 전적으로 신분(status)의 변화다.

신분은 변했지만 생활(life)은 아직 달라진 것이 거의 없다. 그때부터 조금씩 예수 그리스도를 닮은 사람으로 변화되어간다. 이를 '성화'라고 부른다. 칭의가 신분의 변화라면 성화는 생활의 변화다. 성화(sanctification)는 구원받은 성도들이 믿는 사람으로 살아가는 이 땅에서 죽을 때까지의 삶의 전 과정을 가리킨다. 여기서 성화(聖化)는 한자 그대로 '거룩하게 되어가는 것(being)'을 의미한다. 따라서 성화는 한순간에 이루어지지 않는다. 죽을 때까지 평생 이어지는 과정이다. 성화는 생활의 변화와 직결된다. 성화되어간다는 말은 생활이 점점 거룩한 삶으로 변화되는 것을 의미한다.

구원을 받고 성도가 된 사람은 주님을 닮은 거룩한 삶을 살고 싶어진다. 이런 점에서 성화는 능동적 책무성이라 할 수 있다. 주님을 닮고 싶어지고 주님처럼 살고 싶어진다. 거룩하게 살아야 해서 노력하는 것이 아니라 진심으로 거룩하게 살고 싶어진다. 그래서 이를 '성령의 소욕'(갈 5:17 참조)이라고 했다. 자연인은 육체의 소욕을 따라 산다. 하지만 성도는 성령의 소욕을 따라 산다.

아직 우리 안에는 거룩하게 살아낼 능력이 없다. 예수 그리스도를 믿고 구원은 받았지만 생활은 여전히 육체의 소욕을 따라 살던 자연인의 모습을 거의 그대로 갖고 있기 때문이다. 하지만 성령은 끊임없이 거룩하게 살고 싶은 마음을 일으켜주신다. 살고는 싶은데 살 능력은 없고, 육체의 소욕이 유혹하는 것에 성도의 신앙적 번민이 있다. 바울은 이 고민을 이렇게 표현했다. "내가 원하는 바 선은 행하지 아

니하고 도리어 원하지 아니하는 바 악을 행하는도다"(롬 7:19). 그러면
서 그가 깨달은 것이 있다. "그러므로 내가 한 법을 깨달았노니 곧 선
을 행하기 원하는 나에게 악이 함께 있는 것이로다 … 오호라 나는 곤
고한 사람이로다 이 사망의 몸에서 누가 나를 건져내랴"(롬 7:21, 24).

이것이 성화의 삶을 살아가는 우리의 모습이다. 하지만 낙심할 것
은 없다. 성령이 주시는 감동(성령의 소욕)에 조금씩 조금씩 순종하다
보면 성령이 우리를 주님을 닮은 사람으로 변화시켜가시기 때문이
다. 나는 못하지만 내 안에 계시는 성령은 하신다. 우리는 힘을 다해
순종할 뿐이다. 나머지는 주님께 맡기면 된다.

이런 성화의 과정을 거치며 주님을 닮아가는 삶을 살다가 하나님
이 부르시면 우리는 미완성인 채로 죽음을 맞는다. '영화(glorification)'
는 죽은 이후, 우리가 예수 그리스도 앞에서 경험하게 될 영광스러운
변화를 가리킨다. 이는 이 땅에서 경험할 수 있는 것이 아니다. 다만
성경을 통해 이런 영화의 모습이 있음을 확인할 수 있다. 예수님이
변화산에서 보여주신 모습에서 영화가 어떤 것인지 가늠해볼 수 있
다(마 17:1-8). 이상의 내용들은 아래의 그림으로 나타낼 수 있다.

2. 성화와 변화

성화는 점점 변화되어가는 과정이다. 칭의는 신분의 변화로 순간적이고 급진적이다. 이는 급진적인 회심(radical conversion)과 관계가 있다. 하지만 성화는 생활의 변화로 지속적이고 점진적이다. 성화는 하루아침에 이루어지지 않는다. 주님을 닮아가는 생활, 거룩한 삶을 살아가는 생활은 하루아침에 되지 않는다. 우리가 능동적 책무성으로서의 성화를 이루는 삶을 살아가기 위해서는 성화와 변화에 대해 좀 더 자세히 알아볼 필요가 있다.

(1) 변화는 나선형으로 진행된다. 나선형을 그리면서 신앙의 깊이가 점점 깊어지고 넓이가 점점 넓어진다. 깊이는 주님과의 수직적인 내면의 관계가 깊어지는 것이다. 넓이는 사람, 자연과의 수평적인 외연의 폭이 점차 확장되어 신앙의 수평적 지평이 점점 넓어지는 것이다. 그림으로 나타내면 아래와 같다.

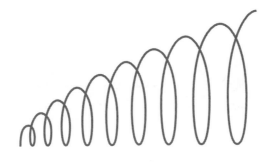

(2) 변화에는 주기가 있다. 나선형을 그리면서 믿음이 성장해가는 변화의 과정에는 주기적인 패턴이 있다. 즉 '회복—성장—정체/침체—만남—회복'의 주기를 거친다. 은혜를 받고 회복이 되면 믿음이 성장한다. 예배가 살아나고 기도가 살아나며 헌신과 봉사가 살아난다. 그러다가 '알게 모르게' 정체기를 맞는다. 그리고 정체는 침체로 이어진다. 예배생활에 빨간등이 켜지고 설교가 지루하게 느껴지며 기도가 무덤덤해진다. 십자가를 생각해도 감동이 없다.

스펄전은 탁월한 전도부흥사였다. 어느 날 스펄전의 부인이 서재에서 눈물을 흘리고 있는 스펄전을 보았다. 깜짝 놀라 왜 울고 있는지 물었다. 스펄전은 이렇게 대답했다고 한다. "십자가를 묵상하는데도 눈물이 나지 않아요!" 십자가를 묵상하는데 눈물이 나지 않는다고 눈물을 흘릴 수 있을 정도라면 스펄전이 얼마나 영적으로 민감한 믿음을 가졌는지를 엿볼 수 있다. 영적 침체는 눈물을 마르게 하고 찬송을 멈추게 하며 기도를 쉬게 만든다. 더 나아가 기도가 되지 않고 하나님과의 관계가 끊어져 버린 것 같은 암담함을 경험하기도 한다.

이런 영적 침체는 신앙적 변화의 과정에서 누구나 겪는 영성의 과정이다. 수도원적 영성의 전통에 있는 십자가의 성 요한은 이를 '영혼의 어두운 밤'이라고 불렀다. 또는 일상 속에서 맞닥뜨리는 '거룩한 혼돈'(T. M. 로즈)이라고 한다. 이런 영적 어두움의 터널을 지나고 나면 다시 회복의 단계로 접어든다. '알게 모르게' 회복의 계기를 맞게 된다. 이 계기를 '만남'이라고 부른다. 만남을 통해 침체에서 벗어난

영혼은 다시 회복의 단계로 접어든다.

이처럼 우리는 믿음이 성장해가는 나선형 구조에서 주기적으로 '회복–성장–정체/침체–회복'의 단계를 거친다. 이 주기적인 단계에 결정적으로 중요한 역할을 하는 단계가 바로 만남의 단계다.

(3) **변화는 만남의 과정이다.** 쇠퇴할 때 만나는 바닥점이 침체 상태다. 신앙적으로 바닥을 치는 지점이다. 침체 상태에서는 누구나 바닥에서 한동안 방황하게 된다. 그러다 '어떤 계기에' 다시 믿음이 회복되는 시기를 맞게 된다. 이 '어떤 계기'라는 것은 다양한 형태로 나타난다. 예배가 될 수도 있고, 성경공부가 될 수도 있고, 기도가 될 수도 있다. 신앙적인 교제가 될 수도 있고, 독서가 될 수도 있고, 여행이 될 수도 있으며, 각 사람마다 다양하다. 이 어떤 계기를 만나면 회복이 일어난다. 예배가 회복되고, 기도가 회복되고, 마음이 회복되고, 찬송이 회복된다.

회복이 일어난다. 주님이 영혼을 새롭게 해주신 것이다. 주님이 은혜로 영혼을 소생시켜주신 것이다. 주님이 만나주신 것이다. 그래서 내 영혼이 주님의 은혜를 만나는 사건이 일어나게 된 것이다. 바로 이런 회복이 일어나는 사건을 '만남(Encounter)'이라고 부른다. 또는 '삶이 변형되는 순간'(제임스 로더)이라 할 수 있다. 이는 '회심(conversion)', 곧 점진적 회심을 의미한다.

회심은 변화와 맞닿아 있다. 회심은 변화이론의 핵심 중 하나다.

변화와 회심의 문제는 우리가 더 깊이 연구해야 할 문제다. 존 웨스트호프는 이 회심에 대해 이렇게 지적했다. "기독교인은 태어나는 것이 아니고, 또한 단순하게 이루어지고 형성되고 양육되는 것도 아니다. 회심은—생의 방향전환, 마음의 변화, 뜻의 변화, 행위의 변화—사람이 교회 안에서 자라든지 혹은 그렇지 않든지 간에 성숙한 기독교인 신앙에 필요한 모습이다"(존 웨스트호프, 39).

만남의 경험으로서의 회심은 우리의 믿음이 점진적으로 변화되고 성장해가는 데 결정적 역할을 한다. 기독교교육은 바로 이런 만남의 기회, 회심의 기회를 제공하는 것이다.

(4) 변화는 순종의 과정이다. 만남의 은혜를 주실 때, 이 만남의 은혜가 나를 변화시키기 위해서는 순종해야 한다. 나의 의지를 굴복시키고, 나의 생각을 바꾸고, 나의 감성을 변화시켜서 순종해야 한다. 순종하지 않으면 변화가 일어나지 않는다. 은혜 또는 감동만 받고 순종하지 않으면 변화는 일어나지 않는다. 순종할 때 변화가 일어난다. 순종할 때 역사가 일어난다.

순종은 나의 의지를 내려놓는 것이다. 나의 고집을 꺾고 하나님의 뜻을 받아들이는 것이다. 은혜받고 감동받았을 때 믿고 순종해야 한다. 그때 하나님은 감당할 힘을 주시고 이기게 하시며 작은 변화라도 변화를 이루게 하신다. 이처럼 변화는 순종의 과정이다.

믿음의 생활은 변화의 과정이요, 성화의 과정이다. 변화를 싫어하거나 거부하는 것은 믿음의 생활이 아니다. 믿음의 사람은 죽는 순간까지 변화하며 성화되어가야 한다. 늘 새로워지고 더 새로워지며 성화되어야 한다. 생각하는 것이 새로워지고, 느끼는 것이 새로워지고, 말하는 것이 새로워지고, 행동하는 것이 새로워져야 한다. 믿음의 사람은 늘 주님을 닮은 사람으로 새롭게 변해 성화되어간다.

이처럼 사람은 자연인으로 태어나 칭의의 과정을 거쳐 성도가 되어 점점 주님을 닮아가는 성화의 과정을 살아가게 된다. 성화의 과정은 점진적이고 반복적인 회심의 과정이다. 출생으로부터 칭의와 성화를 통한 변화의 전 과정을 그림으로 그려보면 다음과 같다.

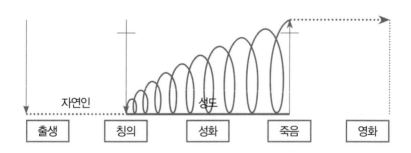

3. 변화를 위한 접근

우리가 교육현장이나 목회현장에서 경험하는 것은 "사람은 참 안 변한다"라는 것이다. 그렇게 은혜받고 눈물 흘리며 결심하고 결단하고 다짐하는데도 참 변하지 않는다. "변해야지" 하면서도 변하지 않는다. 변하고 싶어 하면서도 변화에 실패한다. 작은 습관 하나 바꾸는 것조차 쉽지 않다. 고통스럽지 않으면 변하지 않는다. 그것도 충분히 고통스러워야 변화를 시도한다.

변화를 시도한다고 반드시 성공하는 것도 아니다. 그렇게 어렵게 시작한 변화의 시도조차 작심삼일로 끝나는 경우가 많다. 성공적인 인생을 사는 사람의 특징 중 하나는 스스로를 변하지 않으면 안 되는 상황으로 몰고 간다는 것이다. 스스로에게 변화하지 않을 수 없도록 고통을 부여하는 것이다.

변화가 이렇게 어려운 것은 무엇 때문일까? 여기서는 이 문제를 살펴보면서 변화에 어떻게 접근해야 하는지 알아보고자 한다. 변화가 이렇게 어려운 이유는 3가지로 설명할 수 있다.

첫째, 사람이 본성적으로 악하고 약하기 때문이다. 사람의 타락하고 부패한 본성은 악하고 약한 모습으로 나타난다. 앞에서도 살펴본 바와 같이 사람은 악하다. 교활하고 영악하다. 탐욕스럽고 이기적이며 파괴적이다. 불의하고 추악하며 악의가 가득하고, 살인하고, 분쟁하고, 사기를 치고, 비방하며 교만하다. 무정하고 무자비하며 비열하고 악을 도모한다(롬 1:29-31). 이것은 사람이 하나님을 떠나고 하나님을 잃어버린 결과다(롬 1:24-28).

또 사람은 약하다. 얼마나 약한지 조그만 일에도 상처를 받고, 작심을 하고도 삼일을 버티지 못한다. 작은 유혹에도 넘어지고, 작은 슬픔에도 무너진다. 우리는 성경에서 인간의 연약한 모습을 얼마든지 찾아볼 수 있다. 쉽게 화내고 쉽게 배신하며, 쉽게 타락하고, 쉽게 낙심하며, 쉽게 의심한다. 툭하면 불평하고 원망하며 남에게 탓을 돌린다. 게으르고, 나태하고, 고통을 참지 못하고, 쉽게 포기한다.

이처럼 사람은 악하고 약하다. 이것이 사람의 본성이다. 인간이 가진 죄성에서 기인한 타락한 본성이다. 그러므로 변화를 시도한다는 것은 단순한 일이 아니다. 악하고 약한 본성과 싸워야 하는 일이다. 변화는 타락한 본성과의 싸움이요, 악하고 약한 본성과의 싸움이다. 더구나 신앙적인 변화, 영적인 변화는 말할 것도 없다.

이는 영적인 싸움이다. 그러므로 변화에 성공하기 위해서는 본성에 대한 성령의 도우심이 있어야 한다. 은혜의 만져주심이 필요하다. 이기게 하시는 성령의 도움이 필요하다. 따라서 은혜 없이는 변하지 않는다. 은혜의 도움 없이는 변화에 실패한다. 변화에 성공하기 위해서는 은혜가 필요하다. 타락한 본성을 제어할 수 있는 은혜, 성령의 내주하시는 은혜가 필요하다.

둘째, 사단의 방해가 있기 때문이다. 사단은 우리가 영적인 변화를 이루는 것을 방해한다. 사단은 우리가 성경적인 삶의 스타일을 형성하여, 하나님의 말씀에 순종하고 예수 그리스도를 닮아 거룩하고 순결한 삶으로 변화해가는 것을 참지 못한다. 그래서 온갖 수단과 방법을 동원해 방해한다. 그 방해는 집요하고 끈질기다. 우리를 정죄하기도 하고, 두렵게 만들기도 하고, 눈앞에 있는 달콤한 마시멜로 같은 유혹에 넘어가게 하기도 한다. 사단은 우리의 악하고 약한 본성을 이용해 집요하게 방해한다. 사람을 동원하고 환경을 조장하며, 유행을 만들고 시대사조를 형성해 문화를 움직여 방해한다.

이러한 사단의 방해는 결코 성공할 수 없다. 사단의 모략은 이미 십자가에서 분쇄되었고 무너졌다. 하지만 아직도 남은 그 영향력이 쉽게 무시할 수 없는 힘으로 우리의 거룩한 변화를 방해한다.

변화에 성공하기 위해서는 사단의 공격과 방해를 분별할 수 있어야 한다. 이것이 사단의 방해인지 아니면 성령의 가르침인지를 구분해야 한다. 사단의 방해는 우리를 정죄해 우리의 거룩한 시도를 무너뜨리고 변화에 실패하도록 하는 것이다. 하지만 성령의 지적은 우리로 하여금 자신을 돌아보게 해 더 겸손해지고 더 분발하게 만든다.

셋째, 오랜 악습에 젖어 있기 때문이다. 우리는 오랫동안 타락한 본성에서 나온 구습에 젖어 살아왔다. 너무 깊이 뿌리박힌 습관이다. 하루아침에 바뀔 수 있는 습관이 아니다. 쉽게 변화될 수 있는 생활이 아니다. 이 악습에 대한 손질이 필요하다. 그래서 성경은 우리에게 구습을 벗어버리라고 말한다. "구습을 따르는 옛 사람을 벗어버리고"(엡 4:22) "너희가 서로 거짓말을 하지 말라 옛 사람과 그 행위를 벗어버리고"(골 3:9).

하지만 너무 오랫동안 형성된 습관이며 너무 오랫동안 젖어온 생활이기에 대단한 각오와 노력이 필요하다. 히브리서에서는 이런 노력을 '인내의 경주'라고 했다. "인내로써 우리 앞에 당한 경주를 하며" (히 12:1). 그리고 예수님의 모습을 소개하고 있다.

"믿음의 주요 또 온전하게 하시는 이인 예수를 바라보자 그는 그 앞에 있는 기쁨을 위하여 십자가를 참으사 부끄러움을 개의치 아니하시더니 하나님 보좌 우편에 앉으셨느니라 너희가 피곤하여 낙심하지 않기 위하여 죄인들이 이같이 자기에게 거역한 일을 참으신 이를 생각하라"(히 12:2-3).

오랜 악습으로 다져진 구습을 벗기 위해서는 변화된 생활을 형성하기 위한 새로운 삶의 스타일, 변화된 삶의 습관을 형성하려는 노력이 필요하다.

4. 변화를 일으키는 신앙교육

그렇다면 변화를 일으키는 신앙교육을 어떻게 할 것인가? 앞에서 살펴본 내용들을 염두에 두면서 우리는 변화를 일으키는 신앙교육을 2가지 방향으로 생각할 수 있다. '안에서 밖으로의 변화'와 '밖에서 안으로의 변화'다.

'안에서 밖으로의 변화'는 속사람을 변화시켜 겉사람을 변화시키는 것이고, '밖에서 안으로의 변화'는 겉사람을 변화시켜 속사람을 변화시키는 것이다. 이 2가지는 서로 별개의 방향으로 분리되어 있다

기보다는 서로 상호보완적인 관계에 있다. 속사람이 변하지 않고 겉사람이 바뀔 수 없으며, 겉사람이 바뀌지 않고 속사람이 변했다고 할 수 없다. 다만 변화를 일으키는 신앙교육을 보다 효과적으로 수행하기 위해서는 이 2가지를 나누어 생각해보는 것이 도움이 된다.

1) 안에서 밖으로의 변화

'안에서 밖으로의 변화'란 속을 변화시켜 겉을 바꾸는 변화다. 즉 생각을 바꾸어 행동을 바꾸도록 하는 변화다. 생각이 바뀌면 행동이 변한다. 생각이 바뀐다고 행동이 바뀌는 것은 아니다. 옳은 것을 안다고 옳게 행동하는 것은 아니다. 생각은 있으나 행동이 따르지 않는 경우가 너무나 많다. "마음에는 원이로되 육신이 약하도다"(마 26:41). 그럼에도 불구하고 생각이 바르면 바른 행동이 나올 가능성이 그만큼 높아진다. 이것이 바로 안에서 밖으로의 변화다.

'안에서 밖으로의 변화'의 성공적인 경우는 은혜의 교육에서 찾을 수 있다. 은혜를 받아 속사람이 변하면 급진적이고 전인적인 변화를 일으키는 역사가 일어난다. '사울'에서 '바울'로 바뀌는 바울의 모습에서, 성 프랜시스의 모습에서, 부흥의 현장에서 나타나는 많은 사람의 회심의 모습에서 우리는 은혜의 교육이 얼마나 강력한 변화의 열매를 만들어내는지 본다. 이런 변화는 '위로'부터 나의 '안으로' 주어지는 또는 부어지는 은혜가 만들어내는 변화다.

성경은 이런 변화의 기록이며 교회의 역사는 이런 변화의 증언이다. 또한 기독교교육의 현장에서 우리는 은혜를 통한 변화의 열매들을 목격한다. 그리고 이런 변화는 우리가 교육현장에서 늘 사모하고 기대하는 변화이기도 하다. 이런 은혜를 통한 변화의 열매들이 우리의 사역현장에서 많이 일어나기를 기대하며 기도한다.

비록 그 효력의 강도가 은혜를 통한 변화에 미치지는 못할지라도 교육을 통한 변화를 생각할 수 있다. 다음은 영국의 어떤 여왕에 대한 이야기다. 여왕의 부모는 그녀가 높은 지위로 인해 방탕하게 될까 봐 어린 그녀에게 훗날 영국의 여왕이 될 것이라는 사실을 알리지 않았다. 어느 날 어린 그녀가 너무도 품행이 좋지 않자 가정교사가 "언젠가 당신이 영국의 여왕이 될 텐데 이렇게 해서는 안 된다는 걸 모르십니까?"라고 꾸짖었다. 그녀는 깜짝 놀라며 왜 그 사실을 나에게 미리 가르쳐주지 않았냐면서 그때부터 행실이 달라졌다고 한다.

교육을 통해 생각을 바꿈으로써 행동을 바꿀 수 있다. 이런 변화는 급진적이지는 않지만 행동이나 생활을 바꾸는 데 상당히 효과적이다. 어떤 사람이 교육을 받아 새로운 신념, 새로운 가치관을 형성했을 때, 그 사람은 새로운 신념에 따라 행동한다. 알면 변한다. 행동도 바뀌고 생활도 변한다. 도덕교육이나 '의식화 교육'과 같은 이념교육에서 이런 변화의 효과들을 볼 수 있다.

교육은 사람을 변화시킨다. 그 변화가 완전하지는 않지만, 좋은 교육은 좋은 학생을 만들어낸다. 그러기에 성경을 가르치고 기독교적인 가르침을 가르치는 교회교육은 너무나 중요하다. 기독교적인 삶의 스타일을 형성하기 위해서는 기독교적인 삶의 스타일이 어떤 것인지, 예수를 닮은 삶은 어떤 삶인지 들려주고 보여주며 가르쳐야 한다. 유대인들은 이 원리를 이해했기에 열심히 율법을 가르치는 일에 힘을 쏟았다. 이런 점에서 유대인의 쉐마교육은 우리에게 시사하는 바가 참 크다(신 6:4-9).

잠언은 말한다. "마땅히 행할 길을 아이에게 가르치라 그리하면 늙어도 그것을 떠나지 아니하리라"(잠 22:6). 성경의 이러한 말씀들은 우리로 하여금 교육을 통한 변화를 기대하며 교육에 더욱 힘쓰게 하는 말씀이다.

2) 밖에서 안으로의 변화

'밖에서 안으로의 변화'란 겉을 변화시켜 속을 변화시키는 변화다. 즉 행동을 바꾸어 생각을 변화시키는 것이다. 어릴 때부터 어른을 만나면 항상 공손하게 인사하는 행동을 하도록 하면, 자연스럽게 마음속에 어른을 공경하는 마음을 갖게 된다. 어릴 때부터 경건한 모습으로 예배를 드리는 행동을 꾸준히 하게 되면 예배는 경건하게 드리는 것이라는 의식이 마음속에 자리하게 된다. 어떤 행동을 자꾸 하다 보면 그렇게 생각을 하게 되는 원리다. 이는 행동주의라는 교육원리에 뿌리를 두고 있다. 신앙교육에서는 율법교육에서 그 원리를 찾아볼 수 있다.

유대인들은 율법을 지킴으로써 하나님을 경외하고 사랑하는 믿음을 교육해왔다. 그래서 율법을 잘 지키기 위해 무던히 노력했다. 유대인들은 율법을 은혜의 방편이라고 여겼다. 하나님이 복을 주시기 위한 방편으로 율법을 지키게 하셨다는 것이다(신 28:6). 그래서 유대인들은 율법을 613개의 작은 계명으로 만들어 지켰다.

이를 최초로 분류한 사람은 중세 시대의 저명한 랍비인 마이모니데스(Maimonides)로 알려져 있다. 그는 오경의 말씀들을 분류해 "하라"라는 적극적인 형태의 계명 248개와 "하지 마라"라는 부정적이며 소극적인 형태의 금지 계명 365개를 구분했다. '248'은 사람의 몸을 이루고 있는 모든 뼈의 개수이고, '365'는 1년을 뜻한다(이성희, 세상을 바꾸는 미래교회, 145). 율법을 지키는 것이 온몸에 스며들고 1년 365일 빠짐없이 지키도록 하기 위한 노력일 것이다. 이를 통해 야훼 하나님을 경외하는 야훼신앙을 마음 깊이 갖도록 하려는 것이다. 밖에서 안으로의 변화다. 율법주의의 함정에 빠지는 것만 경계한다면 훌륭한 교육이 될 수 있다.

'밖에서 안으로의 변화'를 위한 교육으로 좋은 것이 바로 생활교육이다. 예절교육, 습관교육 등이 이에 속한다. 필자가 '5차원 셀프리더십 습관 훈련 프로그램'을 개발한 것도 바로 이런 연유에서다. 이 훈련은 3가지를 목표로 한다.

첫째, 나는 보배로운 하나님의 자녀라는 의식을 심어주는 것이다. 둘째, 삶의 요소를 심력, 지력, 체력, 자기관리력, 인간관계력이라는 5가지 요소로 파악하도록 하는 것이다. 이 5가지 요소는 "또 마음을 다하고 지혜를 다하고 힘을 다하여 하나님을 사랑하는 것과 또 이웃을 자기 자신과 같이 사랑하는 것이 전체로 드리는 모든 번제물과 기타 제물보다 나으니이다"(막 12:33)에 기초한 것이다. 셋째, 삶의 5가지 요소를 최대화(maximize)하는 데 필요한 10가지 생활습관을 형성하도록 훈련하는 것이다.

이를 통해 하나님이 나에게 주신 사명을 인식하고, 하나님 앞에서 영광되고 복된 삶을 살도록 하려는 것이다. 따라서 의식과 행동을 함께 변화시켜 변화의 효과를 극대화하고자 하는 것이다.

'안에서 밖으로의 변화'와 '밖에서 안으로의 변화'는 어느 하나를 선택해야 하는 것이 아니다. 이 둘은 병행되어야 한다. 예수님은 이 2가지 접근방법을 다 사용하셨다. 예수님은 제자들을 위해 기도하셨다. 그리고 제자들을 가르치며 몸소 본을 보여주시고 '너희도 이와 같이 하라'라고 하셨다. 하나님의 은혜를 구하기도 하시고, 가르침을 통해 생각을 변화시키기도 하시고, 행동의 변화를 통해 생각의 변화를 유도하기도 하셨다.

신앙교육은 변화교육이다. 어떻게 변화를 일으킬 것인가? 이것은 우리가 늘 고민하고 기도하며 물어야 할 문제다. 이는 신앙교육 방법의 발전과 맞닿아 있는 일이다. 지금처럼 기독교 신앙이 손가락질을 받는 현실을 생각하면 더더욱 무관심하거나 게을리할 수 없는 과제다. 본서가 신앙교육을 변화의 관점에서 접근하는 이런 연구와 시도가 활발하게 일어나게 만드는 기폭제가 되기를 기대한다.

제10장

신앙교육 방법을 위한 일반적인 원리

우리가 지금까지 살펴본 바를 종합해보면 변화를 지향하는 신앙교육의 방법은 '위에서 아래로의 교육' '안에서 밖으로의 교육' '밖에서 안으로의 교육'으로 나누어볼 수 있다. 여기서 말하는 '위에서' '안에서' '밖에서'라는 것은 겉으로는 교육이 어디서 시작해 어떤 방향으로 전개되는지와 관계가 있다. 하지만 속으로 들어가보면 단지 방향의 문제만은 아니다. 누가 교육의 주도성을 갖느냐 하는 문제와도 관계가 있다. 이 문제를 풀어가기 위해서는 교육이 무엇인지를 설명하면서 소개했던 내용을 다시 떠올려볼 필요가 있다.

앞에서 살펴본 것처럼 교육은 의도적인 활동이다. 이 의도성은 교사가 갖고 있는 가르치려는 의도를 가리킨다. 하지만 학생의 입장에서도 배우려는 의도가 있어야 교육이 된다. 학생이 갖고 있는 배우려는 의도를 '동기(motive)'라고 한다. 의도성은 하나의 힘이다. 교육이 이루어지게 하는 내적인 힘이다.

또한 교육은 가르치는 자와 배우는 자 사이의 상호작용에 의해 이루어진다. 교육은 마치 줄다리기를 하듯이 밀고 당기는 상호작용을 하면서 이루어진다. 따라서 교육은 '상호전달(communication)'이다. 이 상호성은 우리가 교육방법을 이해하고 연구하는 데 놓쳐서는 안 되는 개념이다.

이 상호성과 의도성이 만나 신앙교육을 위한 방향을 결정한다. 교사의 의도성이 강하게 작용하면 상호작용하는 힘이 교사에게 더 실린다. 그래서 교사가 당기는 힘이 더 강하게 작용한다. 한편 학생의 동기가 더 강하게 작용하면 상호작용하는 힘은 학생에게 더 무게가 실린다. 따라서 학생이 당기는 힘이 더 강하게 작용한다.

이처럼 교육이 갖고 있는 의도성과 성호성이라는 성격은 누가 교육의 주도성을 갖느냐는 문제와 직결된다. 이런 주도성을 '상호적인 주도성'이라 할 수 있다. 상호적인 주도성이라는 말이 좀 어색하게 들릴 수 있지만 줄다리기에서 서로 밀고 당기는 모습을 연상하면 쉽게 이해할 수 있을 것이다. 당기는 힘이 강할 때, 상호적인 주도성을 갖는다는 것이다.

신앙교육은 일반교육과 많은 부분에서 그 궤를 달리한다. 일반교육은 교사와 학생 양자의 상호작용이지만 기독교교육은 다르다. 기독교교육은 교사와 학생 양자의 상호작용이 아니라 교사와 학생, 그리고 성령 하나님 3자의 상호작용이다. 이 점은 기독교교육의 방법론적 특성을 이해하는 결정적인 차이다. 교사와 학생이 인격체이듯이 하나님 또한 인격체이시다. 따라서 하나님-교사-학생, 이 3자 간의 상호작용을 통해 기독교교육이 갖는 독특한 교육방법의 역동성을 만들어낸다. 이 점에 관해서는 다음 기회에 더 자세히 소개하고자 한다.

다시 본래의 이야기로 돌아가서, 기독교교육에서 교육의 상호적 주도성이 어디에 있느냐에 따라 신앙교육을 위한 방법은 3가지 방향으로 작용한다. '위에서 아래로의 교육' '안에서 밖으로의 교육' '밖에서 안으로의 교육'이다.

첫째, '위에서 아래로의 교육'은 교육의 주도성이 전적으로 하나님의 주권에 달려 있는 교육이다. 하나님이 주권적인 역사로 은혜를 부어주시는 교육이다. 여기서 '위에'라는 것은 물리적이고 공간적인 '위에'가 아니라 의미적으로 '위에'라는 뜻이다. 성경은 하나님의 것을 가리켜 '위의 것'이라고 한다. "위의 것을 생각하고 땅의 것을 생각하지 말라"(골 3:2). 하나님께 속한 은혜, 하나님께 속한 생명이 곧 위의 것이다.

신앙의 요소들 중에서는 신비가 여기에 해당되며, 나머지 6가지 신앙의 요소들에 대한 교육에도 하나님의 은혜가 녹아들어야 한다.

둘째, '안에서 밖으로의 교육'은 교육의 상호적 주도성이 상당부분 학생에게 있음을 의미한다. 학생이 갖고 있는 이성이나 오감, 직관능력 등이 상호적 주도성의 기반이 된다. 이를 통해 변화된 생각, 변화된 감각, 변화된 통찰력을 형성하게 된다. 즉 속사람의 변화를 통해 겉사람의 변화를 이끌어내는 교육이다. 이는 신상적 앎의 내연을 변화시키는 것과 관계가 있다.

앎의 내연에는 지식, 정서, 의지, 신비, 자애가 해당된다. 그런데 신비는 위에서 아래로 이루어지는, 하나님께 속한 영역이다. 따라서 안에서 밖으로의 교육에서는 지식, 정서, 의지를 담당하게 된다.

셋째, '밖에서 안으로의 교육'은 교육의 상호적 주도성이 상당 부분 교사에게 있음을 의미한다. 교사가 갖고 있는 교육의 의도나 열정, 태도, 지식, 기술이나 방법과 같은 전문성 등이 상호적 주도성의 기반이 된다. 학생들은 교사의 도움을 받아 참여하고, 모방하고, 훈련하면서 교육에 임하게 된다. 이를 통해 우리가 닮아가야 할 겉사람의 모습을 배우고 습득하게 된다.

신앙의 구성요소들 중 외연에 속하는 헌신과 섬김을 위한 교육이 여기에 해당한다. 헌신과 섬김의 교육을 위해서는 본보기가 필요하며 적극적인 참여와 체계적인 훈련 등이 필요하다.

그럼 이제 우리가 알아야 할 신앙교육의 일반적인 원리를 3가지 범주로 나누어 살펴보고자 한다. '위에서 아래로'에 속하는 원리로는 만남의 원리가 있다. '안에서 밖으로'에 해당하는 원리에는 학습의 원리, 경험의 원리, 탐구의 원리, 성찰의 원리가 있다. 그리고 '밖에서 안으로'에 해당하는 원리로는 모형의 원리, 훈련의 원리, 참여의 원리가 있다. 이 원리들을 소개하면서 편의상 범주의 구분과 관계없이 일련번호를 붙여 설명했다. 그리고 각 원리에 대한 설명이나 주는 생략했다. 원래의 취지에 맞게, 교육목회의 현장에서 가졌던 실천적인 고민을 해결하기 위한 시도 정도로 이해하면 되겠다.

1. 위에서 아래로

1) 만남의 원리

만남은 하나님의 개입이다. 만남은 하나님의 찾아오심이다. 만남은 하나님의 만져주심이다. 만남은 하나님의 계시다. 만남은 거룩한 사건이다. 하나님께 속한 사건이다. 하나님은 만나주시고 우리는 응답한다. 만남은 하나님과의 조우다. 이로써 만남의 사건이 일어난다.

만남은 하나님의 계시적 사건이다. 계시(revelation)는 열어 부어주시는 것이요, 다가오시는 것이다. 계시의 하나님과 만남을 가능하게 하는 것은 영감(spiritual sense), 즉 영적인 감각이다. 영감(inspiration)은 하나님이 주시는 것이다. 영적인 감각은 조명(illumination)과 관계가 있다. 계시와 영감과 조명은 우리가 성경을 읽고 공부하는 데 꼭 알고 있어야 할 은혜의 연결고리다.

계시는 하나님이 구원의 진리를 드러내 보여주시는 것이고, 영감은 말씀의 기록자에게 하나님의 말씀을 오류 없이 정확무오하게 기록하게 하시는 하나님의 역사다. 그리고 조명은 비추어주시는 은혜다. 하나님은 우리가 하나님의 은혜를 깨닫고 믿음으로 받아들이도록 성령을 통해 우리 마음을 비추어주신다. 이를 조명이라고 한다.

이때 우리의 영적인 감각이 살아나 반응한다. 계시와 영감과 조명은 은혜의 연결고리라 할 수 있다. 조명하심 없이는 은혜를 깨달을 수 없다. 성령의 조명 없이 영적인 감각이 제대로 반응할 수 없다.

따라서 만남은 사람의 이성이나 오감, 직관을 초월하는 인격적이면서 계시적인 사건이다. 경험은 경험이지만 초월적인 경험이요, 신비한 경험이다. 초월적이고 신비한 경험이라고 해서 반드시 어떤 특별한 현상을 연상할 필요는 없다. 신령한 빛이 나타난다거나, 음성이 들린다거나, 초자연적 현상을 경험하는 것과 같은 어떤 특별한 현상 그 자체가 만남이 아니다. 그건 어디까지나 신비한 형상일 뿐이다.

이적과 표적 같은 신비한 현상은 그 자체로서 의미가 있는 것이 아니다. 신비한 현상, 초자연적인 사건을 통해 하나님을 만나는 경험을 하게 되는 것이 중요하다. 기적을 체험하고 "야, 신기하다" 하고 끝나는 것이 아니라, 기적의 경험을 통해 나를 찾아오신 하나님을 만나는 것이다. 하나님의 거룩함을 대면하는 것이다. 여기서 우리는 하나님과 나 사이의 현저한 '질적인 차이'를 느끼게 된다.

또 이것은 이사야가 성전에서 하나님의 현현을 경험하고 보인 반응이다(사 6:4-6). 이사야는 하나님과 사람의 차이 앞에 무릎을 꿇고 하나님을 마음으로 받아들이게 된다. 그리고 그물이 찢어질 듯이 고기가 많이 잡힌 초자연적인 현상을 보고 베드로가 보였던 반응이다. 베드로는 찢어질 듯한 그물을 보고 "주여 나를 떠나소서 나는 죄인이로소이다"(눅 5:8)라고 했다. 찢어질 듯한 그물은 기적이다. 그런데 그런 신비한 기적을 보면서 베드로는 자기의 죄인됨을 발견한다. 찢어질 듯한 그물을 통해 베드로는 주님을 인격적으로 만난 것이다. 이런 점에서 만남은 인격적이다.

또한 만남은 하나님의 주도적인 은혜로 이루어진다. 이런 점에서 만남은 계시적인 사건이다. 계시는 열어서 보여주시는 것이다. 계시는 하나님이 찾아오시는 것이다. 그것도 하나님이 주도적으로 찾아오시는 사건이다. 그래서 만남은 은혜다. 만난다는 것은 은혜를 받는다는 것이다. 주님을 만나면 믿음이 생긴다. 주님을 만나면 믿음이 회복된다. 주님을 만나면 의심이 믿음으로 변하고, 두려움이 믿음으로 변한다.

기독교교교육은 가르치는 것을 넘어 만나게 하는 것이다. 가르치는 것이 아니라 만나게 하는 것이다. 만남의 장을 열어주고 만남의 기회를 제공하는 것이다. 그런데 만남의 경험을 위해 교육이 직접적으로 할 수 있는 일은 없다. 만남은 하나님의 주권에 속한 계시적 사건이며 은혜의 경험이기 때문이다. 교육이 할 수 있는 일은 간접적이다. 만남에 있어 교육이 할 수 있는 일은 다음의 5가지다.

첫째, 만남의 필요성을 일깨워주어 만남의 경험을 사모하도록 도전하는 것이다. 끊임없이 만남을 사모하도록 가르쳐야 한다. 만남의 은혜를 사모하도록 도전해야 한다. 둘째, 기도, 찬송, 예배, 묵상 등 만남의 자리로 나아가 만나는 법을 가르쳐주는 것이다. 가장 일반적인 것이 '큐티(Quiet Time)'라고 부르는 경건의 시간이다. 큐티는 이미 우리에게 많이 알려진 묵상방법이다. 우리는 큐티를 통해 묵상한다. 이보다 더 오랜 전통을 갖고 있고 더 깊은 믿음의 자리로 우리를 안내하는 묵상으로는 '렉지오 디비나(lectio divina)'가 있다.

'렉지오 디비나'는 라틴어로 '거룩한'이라는 뜻을 가진 '디비나'와 '읽기'라는 뜻을 가진 '렉지오'가 합쳐진 말이며 모두 4단계로 이루어진다. 1단계는 읽기(lectio)다. 성령의 조명을 받아 하나님의 음성을 듣기 위해 겸손한 마음으로 읽는 단계다. 2단계는 묵상(meditatio)이다. 묵상은 읽는 것을 넘어 본문의 세계 안으로 들어가는 단계다. 주님의 음성을 듣고 영적인 깨달음을 얻기 위해 귀를 기울이는 단계다. 3단계는 말하기(oratio)다. 들은 말씀, 받은 말씀, 깨달은 말씀을 기도로 표현하는 단계다. 그리고 4단계는 관상(contemplatio)이다. 듣고, 깨닫고, 기도한 본문을 매일의 생활에서 살아가는 단계다.

셋째, 만남에 도움이 되는 환경을 만들어주는 것이다. 이런 점에서 영성적 느낌을 주는 건축, 영감이 넘치는 환경 구성, 영적인 감성을 자극하는 환경 구성이 중요하다. 넷째, 다양한 만남의 장을 열어주는 것이다. 여기에는 드라마, 상징, 음악 등의 예술적 방법들이 사용될 수 있다. 다섯째, 만남의 은혜를 부어주시기를 기도하는 것이다. "주님, 만나주옵소서!"라며 만남의 은혜를 허락해주시도록 간구해야 한다.

2. 안에서 밖으로

안에서 밖으로의 범주와 관계가 있는 요소들은 신앙적 앎의 내면적 요소라고 했다. 기독교교육적으로 볼 때, 앎에는 4가지 형태가 있다. 이성을 통한 앎, 오감을 통한 앎, 직관을 통한 앎, 그리고 믿음을 통한 앎이다. 이성과 오감과 직관은 우리가 세상과 교감하는 감각들이고 통로들이다. 이런 감각기관을 통해 철학, 과학, 문학, 예술 같은 학문들이 발달한다. 이런 지식은 일반계시에 기초한 지식이며 성경에서는 이런 지식을 가리켜 초등학문이라고 부른다.

그리고 믿음은 이런 기본적인 감각들을 뛰어넘도록 작용하는 감각이다. 믿음을 통해 얻는 지식은 앞서 소개한 만남의 원리와 관계가 있다. 안에서 밖으로의 범주에 속하는 교육활동은 기본적으로 이성, 오감, 직관이라는 감각기관을 바탕으로 이루어진다.

2) 학습의 원리

학습은 이성을 바탕으로 이루어진다. 이성이 갖는 인지적인 작용이 학습의 바탕이다. 사람은 기억하고, 이해하고, 추론하고, 분석하고, 해석하고, 조합하는 이성을 통해 사고한다. 이런 사고능력을 바탕으로 학습이 이루어지고 인지적인 앎을 형성한다. 이성이 작용하지 않는 상태에서 학습은 불가능하다. 학습은 기억하고, 생각하고, 이해하는 과정이다. 기억하도록 만들고 생각하도록 만드는 것이 교육이요, 기억하고 생각하는 것이 학습이다. 여기서 교육은 기억하고 생각하도록 하는 것이다.

학습을 위해서는 무엇을 어떻게 가르치느냐가 중요한 문제가 된다. 기독교교육은 성경을 그 중심내용으로 하면서 기독교의 교리, 교회의 역사와 전통, 기독교 윤리 등을 가르친다. 이와 같은 교육의 내용들을 "어떻게 가르치느냐" 하는 것이 바로 교수법(teaching method)의 문제다. 또 "어떻게 하면 학생들이 더 용이하게 배울 수 있을까"를 고민한다. 이것이 바로 학습법(learning method)의 문제다.

우리는 이런 원리에 따라 성경을 가르친다. 설교를 하고 강의를 하며 토의를 한다. 이를 통해 우리는 기독교적인 앎이 학생들에게 형성되기를 기대한다. 성경적인 세계관과 가치관을 형성하게 되기를 기대한다. 체계적이고 정곡을 찌르는 맥을 짚어주는 가르침은 신앙교육에 필수적이다. 이런 학습을 통해 성경적 분별력과 판단력을 갖게 된다. 성경적 세계관과 가치관을 갖게 되며 성경적으로 생각하는 사람이 된다.

신앙은 지혜의 사람을 만든다. 지혜는 분별력이다. 신앙의 사람은 분별력이 있는 사람이다. 무엇이 옳고 그른지를 안다. 참과 거짓, 선과 악, 진리와 진리가 아닌 것, 해야 할 일과 하지 말아야 할 일, 가야 할 길과 가지 말아야 할 길, 해야 할 말과 하지 말아야 할 말을 안다(시 1:1-2). 이런 학습을 통해 사단이 우리의 이성에 구축해놓은 견고한 진을 무너뜨리는 예리한 복음적 지성을 갖게 만든다. 성경적 세계관으로 무장한 복음적 지성은 점점 더 똑똑해져가는 무신론을 대적해 복음을 변증하는 날카로운 무기가 된다.

번영의 복음, 성공 복음과 같은 값싼 복음, 감성을 자극하는 가벼운 설교, 구체성이 떨어지는 원리 중심의 성경공부 등은 우리의 지성을 무뎌지게 만든다. 예리한 복음적 지성을 갖게 만드는 학습은 신앙교육의 기본이다.

학습이 무너지면 교육이 무너지고 신앙이 무너진다. 종교개혁가들은 교회가 바른 교회가 되기 위해서는 하나님 말씀의 바른 선포, 성례의 바른 집행, 권징과 치리의 바른 행사가 필요하다고 했다. 깔뱅은 교회는 가르침의 권위를 확고하게 갖고 있어야 한다고 지적했다. 리차드 오스머는 개혁교회의 전통을 연구하면서 교육목회의 회복과 교수직의 회복이 얼마나 중요한지를 지적했다.

3) 경험의 원리

믿음이 자라는 데는 경험만큼 훌륭한 교사를 찾기 어렵다. 사람은 경험하면서 배운다. 믿음도 경험하면서 자란다. 여기서 말하는 경험은 오감을 바탕으로 이루어지는 경험을 일컫는다. 보고 듣고 맛보고 맡아보고 만져보는 것을 통해 경험을 하게 된다. 이런 오감을 통해 경험적인 앎을 쌓아간다. 경험은 지식을 만드는 자원이다. 우리는 경험을 통해 배운다. 많은 경험은 많은 앎을 가져다준다. 체험학습이 주목을 받는 이유이기도 하다.

머리로 알 수 있는 것이 있고, 경험으로 알 수 있는 것이 있다. 머리로 아는 것도 경험을 통해 그 지식이 확장되고 심화된다. 뿐만 아니라 경험까지 가야 하는 앎이 있다. 예를 들어 삼위일체 같은 교리는 머리로 배워야 한다. 하지만 기도나 예배는 경험을 해봐야 한다.

기도는 경험을 해봐야 안다. 머리로 아무리 외우고 이해했다고 해서 기도가 되는 건 아니다. 기도에 관한 책을 읽었다고 기도자가 되는 것이 아니다. 예배는 드려봐야 안다. 예배의 분위기를 경험해보아야 안다. 예배학을 배웠다고 예배자가 되는 것이 아니다. 은혜의 생활은 오감을 통해 경험해보아야 제대로 알 수 있다. 경험하면서 더욱 깊고 바른 지식을 갖게 된다. 그래서 들어보고 만들어보고 느껴보고 만져보고 가보도록 해야 한다. 교육은 적절한 경험의 기회를 제공하는 것이다.

필자에게는 꿈이 하나 있다. 성경적인 테마정원을 만드는 것이다. 그 꿈의 정원은 그리 크지 않은 땅에 성경적인 조형물, 그림과 다양한 이미지들을 이용해 창세기로 걸어들어가 계시록으로 걸어나오도록 하는 성경정원이다. 꾸며진 조형물이나 상징들을 보며 걷는 것만으로도 오감을 통한 경험을 갖도록 할 수 있을 것이다.

오감을 통한 경험을 제공할 때 고려해야 할 점들이 있다. 첫째, 구조화된 경험이 되도록 하는 것이 필요하다. 구조화되지 않은 경험도 도움이 되지만 교육이 의도성을 갖고 있다는 점을 고려할 때, 적절하게 구조화된 경험을 제공하는 것이 훨씬 더 교육적이고 효과적이다.

따라서 어떻게 신앙의 성장에 필요한 경험을 적절하게 구조화해 제공할 것인지 고민해야 한다.

둘째, 은혜 경험의 기회를 갖도록 해야 한다. 은혜의 경험은 사람이 줄 수 있는 것이 아니다. 하지만 은혜를 경험할 수 있는 자리는 만들어줄 수 있다. 무엇보다 예배가 은혜 경험의 자리가 될 수 있도록 기도로 준비해야 한다. 찬양집회, 사경회, 수련회, 기도회 등도 은혜를 경험할 수 있는 자리다.

셋째, 영적인 감성을 자극하고 영적 상상력을 풍부하게 해주는 경험이 되도록 해야 한다. 이를 위해 그림, 상징, 이미지, 음악, 춤 등과 같은 예술적 접근을 적극적으로 활용할 필요가 있다. 기독교문화적 소양이나 감성을 깨워주기 위해서는 예술적 접근뿐 아니라 시나 소설과 같은 문학작품을 활용한 문학적 접근도 유익하다.

넷째, 신앙적인 삶을 경험할 수 있도록 해야 한다. 공동생활은 신앙교육의 오랜 전통을 갖고 있다. 오랜 기간을 함께하는 공동생활이 어렵다면 함께 떠나는 수련회나 여행 또는 시간표가 없는 수련회 등을 통해 보고 듣고 느낄 수 있는 기회를 가질 뿐 아니라 공동생활을 경험할 수 있다. 전도나 봉사활동에 직접 참여하거나 현장을 방문하면서 경험할 수도 있다. 어떻게 하면 교회에서 공동생활의 경험을 갖도록 할 것인가의 문제도 관심을 가져야 할 분야다.

다섯째, 성경을 기준으로 정리하도록 해야 한다. 성경은 우리의 모든 경험을 정리하고 분별할 수 있는 기준이다. 성경을 벗어나는 경험은 위험하다.

이런 오감을 통한 경험의 원리를 신앙교육에 적극적으로 받아들여 다루고 있는 학자들로는 루이스 쉐릴, 존 웨스트호프, 엘리스 넬슨, 마리아 해리스 등을 들 수 있다. 특히 신앙교육을 공동체교육으로 이해하거나 사회화나 문화화의 과정을 신앙교육으로 이해하는 입장에 서 있는 학자들은 하나같이 경험이나 참여를 중요한 원리로 다루고 있다.

4) 탐구의 원리

탐구는 심사숙고하며, 생각하고, 사유하며, 탐색하고, 몰입하는 것이다. 우리는 이런 탐구활동을 통해 하나님의 말씀을 탐구하고 진리를 깨닫게 된다. 탐구는 직관과 연결된다. 느리면서도 깊고 집요한 탐구는 우리가 갖고 있는 직관을 깨운다. 통찰을 갖게 하고 깨달음을 얻게 한다. 탐구는 사고하고 추리하면서 문제의 본질로 나아가는 탐색과정이며 사유작용이다.

탐구는 직관과 연결되어 있다. 몰입과 같은 직관적 탐구를 통해 이성이나 경험, 오감을 통해 얻은 지식을 조합하고 통합해 그것을 뛰어넘는다. 이때 우리는 의식적으로 놀라운 경험을 하게 된다. 의식의 깊은 곳까지 들어가 깨어 있는 상태가 된다. 생각지도 못한 '섬광 같은 통찰력' '섬광 같은 직관'을 얻기도 하고 종교적 체험을 하는 것 같은 의식적 황홀경을 경험하기도 한다.

풀리지 않던 문제가 풀릴 때 느끼는 기쁨은 말로 표현할 수 없다. 먹는 것도, 자는 것도 잊고 깊은 삼매경에 들어가게 된다. 우리는 아르키메데스의 경험에서 탐구의 위력과 기쁨을 엿볼 수 있다.

히에론 왕은 대장장이에게 순금을 주고 금관을 만들었다. 왕관이 완성될 무렵, 왕은 대장장이가 금관에 은을 섞었다는 소문을 들었다. 왕은 아르키메데스를 불러, 금관을 손상시키지 말고 금의 양을 알아내라고 명령했다. 아르키메데스는 금이 은보다 무겁다는 사실은 알고 있었지만, 금에 은이 섞여 있는지 아닌지를 알아낼 방법이 없었다. 아르키메데스의 머리에는 온통 이 문제를 어떻게 풀 것인가 하는 생각으로 가득 찼다.

한숨만 짓고 있던 어느 날, 아르키메데스는 목욕탕에 들렀다. 욕조에 가득 찬 물속에 들어갔을 때, 욕조에 몸을 가라앉힌 부피와 같은 양만큼의 물이 넘친다는 사실을 우연히 깨닫게 되었다. 이건 우연이었다. 계산을 했던 것도, 실험을 해온 것도 아니었다. 이 사실을 깨달은 순간 아르키메데스는 정신없이 벌떡 일어나 벌거벗은 채로 "유레카! 유레카!"라고 소리치며 자기 집으로 달려갔다. 유레카(eureka)는 '바로 이거다, 발견했다, 찾았다'라는 뜻이다.

이처럼 우연히 중대한 발견을 하게 되는 것을 '세렌디피티(seren-dipity)'라 한다. 세렌디피티는 '기대하지 않았던 것을 뜻밖에 찾아내는 것'을 가리킨다. 우리는 이런 탐구의 원리를 활용해 성경말씀의 맥을 찾게 되고, 이해되지 않던 말씀을 깨닫게 되고, 머리로만 알던 성경지식과 믿음의 경험이 통합되면서 발견하는 신앙적인 통찰을 얻게 된다. 성경을 읽다가 풀리지 않는 궁금증을 가지고 몇날 몇일을 생각하고 기도하던 중 어느 순간 "뻥!" 하고 뚫리듯이 궁금증이 해결되는 경험을 한다.

이런 직관적 통찰은 그냥 되지 않는다. 오래된 기억과 새로운 기억, 이전부터 알고 있던 오래된 지식과 새롭게 알게 된 지식 등이 조합되고 결합되면서 일어난다. 아무것도 없는 상태에서 일어나는 것이 아니다. 깊이 생각하고 탐구하는 가운데 알고 있던 성경지식과 새롭게 알게 된 성경지식들이 모이고 조합되면서 어느 순간 "아 그렇구나!" 하고 깨달아지는 것이다. 따라서 체계적이고 꾸준한 성경공부와 느리면서도 깊은 사색이 필요하다.

탐구는 우리가 하나님에 대해 알아가고 성경을 배워가는 데 있어 놓칠 수 없는 교육활동이다. 신앙교육은 탐구하는 힘, 즉 생각하는 힘을 길러주는 것이다.

탐구는 앞서 만남의 원리에서 소개한 묵상과 비슷하다. 하지만 탐구와 묵상은 다르다. 탐구는 묻는 것이고 묵상은 듣는 것이다. 탐구가 묻고 분석하고 생각하고 조합하는 활동이라면, 묵상은 하나님의 말씀을 되뇌며 그분의 음성을 듣는 활동이다. 탐구는 직관과 연결되지만 묵상은 직관을 초월하는 영적인 교통이다. 탐구는 이성적인 통찰, 직관적인 깨달음을 주고 묵상은 우리를 하나님과 교제하는 자리, 하나님의 음성을 듣고 인도하심을 받는 자리로 인도한다. 탐구를 통해 얻는 것은 통찰이고, 묵상을 통해 얻는 것은 확신이다. 탐구가 공부라면 묵상은 기도다. 탐구를 통해 말씀에 대한 통찰을 얻고, 신앙적인 삶에 대한 통찰을 얻으며, 어렴풋했던 믿음이 확신의 자리로 나아가게 된다. 이런 점에서 탐구는 교육적 묵상이라 할 수 있다.

멜처트는 「지혜를 위한 교육」에서 예수님만의 독특한 표현법으로 잠언과 경구와 비유를 소개하고 있다. 그리고 이 3가지 방법은 모두 생각을 자극하고 사람들로 하여금 생각하게 하는 토의로 이끈다. 지혜는 학습으로 얻어지지 않는다. 깊이 생각하고 묻고 답하면서 주어지는 통찰과 함께 얻어진다. 기독교교육이 지혜를 얻게 하는 교육이라면 이처럼 생각하고 토의하며 탐구하는 기회를 충분히 주어야 할 필요가 있다.

5) 성찰의 원리

여기서 말하는 성찰은 스스로를 돌아보는 것이다. 좋은 신앙의 모습으로 자라기 위해서는 스스로를 돌아보고 반성하는 노력이 필요하다. 내가 바르게 알고 있는지, 바르게 믿고 있는지, 바르게 행동하고 있는지 항상 돌아보아야 한다. 성찰이 없는 신앙은 위험하다. 바리새인이나 사두개인들이 갖고 있던 문제점 중 하나는 스스로를 돌아보고 반성하는 모습을 찾기 어렵다는 점이었다. 성찰이 없는 신앙은 '자기의(self-righteousness)'에 빠지게 된다. 자기의는 '나는 의롭다' '나는 옳다'라는 생각에 갇혀 있는 상태를 일컫는다.

자기의는 성찰이 없는 신앙생활이 만들어내는 최악의 상태다. 자기의에 빠진 사람은 자기가 아는 것을 절대화하고 자기가 경험한 것을 절대화한다. 자기 도그마(dogma)에 갇혀 모두 자기처럼 믿어야 한다고 생각한다. 당연히 다른 사람의 말은 듣지 않는다. 심지어 다른 사람을 정죄한다. 겉으로는 겸손의 탈을 쓰고 있지만 속으로는 교만하기 그지없다. 겉으로는 섬김의 탈을 쓰고 있지만 속으로는 군림을 일삼는다. 배우려 하지 않고 가르치려 한다. 이해하려고 하지 않고 훈계하고 정죄하려 한다. 성경은 이런 자기의의 위험성에 대해 경고한다. "외식하는 자여 먼저 네 눈 속에서 들보를 빼어라 그 후에야 밝히 보고 형제의 눈 속에서 티를 빼리라"(마 7:5).

성찰을 위해서는 객관적인 관찰과 스스로를 돌아보는 질문이 필요하다. 반성적인 성찰을 위해서는 자신의 모습이나 공동체의 모습을 객관적으로 보아야 한다. 주관적인 선입견이나 사사로운 욕심, 계산이 들어가면 객관적으로 볼 수 없다. 객관적으로 본다고 하면서도 은근히 자기중심적으로 보거나 이기적으로 보게 된다. 이렇게 되면 반성적 성찰이 아니라 자기를 합리화하고 변명하기에 급급하게 된다.

객관적으로 관찰하기 위해서는 다른 사람의 입장에서 생각해보기, 뒤집어 생각해보기, 역할 바꾸어 해보기 등과 같은 반영적 행동을 해볼 수 있는 기회를 주는 것이 필요하다. 그리고 스스로를 돌아보는 질문이 필요하다. "이것이 성경적인가?" "이것이 하나님께 영광이 되는가?" "혹 나의 이기심이 숨어 있지는 않은가?" "혹 나의 욕심을 지키려는 의도가 숨어 있는 것은 아닌가?" 등과 같은 반성(反省)적 질문 (reflection question)을 통해 스스로를 돌아보도록 해야 한다.

성찰의 목적은 각성하고 성장하는 것이다. 사단은 우리의 잘못을 지적해 스스로를 정죄하고 죄책감에 빠지게 만든다. 하지만 성령은 잘못을 지적해 회개하게 하고 각성하게 하며 더 분발하여 성장하게 만드신다. 비판을 위한 비판, 비판을 위한 성찰은 조심해야 한다.

성찰의 원리는 좋은 신앙, 건강한 신앙인을 길러내기 위한 결정적인 원리다. 몫을 나누어 참여하는 교육을 주창하는 토마스 그룹은 비평적 성찰의 질문을 통한 반성적 성찰을 중요한 교육과정(process)으로 삼고 있다.

3. 밖에서 안으로

'밖에서 안으로'의 교육에 해당하는 신앙의 요소는 신앙의 외연에 해당하는 헌신과 섬김이다. 헌신과 섬김은 이론이 아니므로 이성을 통한 학습으로 교육되지 않는다. 헌신과 섬김은 모형의 원리, 참여의 원리, 그리고 훈련의 원리에 의해 효과적인 신앙교육이 가능하다.

6) 모형의 원리

아씨시의 성자 성 프랜시스는 어느 날 제자들과 함께 거리로 전도하러 나섰다. 그런데 프랜시스는 온종일 길거리와 시장골목을 돌아다니면서 아무에게도 전도하지 않았다. 이를 이상히 여긴 제자들이 "선생님, 전도하러 나오셨으면 저들에게 무슨 말씀을 전해주셔야 하지 않겠습니까?"라고 물어보았다. 그러자 프랜시스는 "우리 그리스도인들이 시장거리를 그저 걸어다니기만 해도 전도가 된다"라고 말했다.

다시 말해 본이 되는 삶을 보여주는 것만으로도 훌륭한 전도가 된다는 것이다. 연구에 의하면 아이들은 출생 후 얼마 되지 않았을 때부터 가까운 사람의 인상과 표정을 모방하기 시작한다. 특히 엄마나 아빠를 따라한다. 부모가 입을 벌리거나 혀를 내밀면 아이도 따라하려고 애를 쓴다는 것이다.

모형(model)은 본보기를 가리킨다. 모형의 원리는 따라하는 것이 핵심이다. 따라하기는 신앙교육의 중요한 원리다. 사람은 보고 따라하면서 배운다. 다른 사람이 하는 것을 관찰하고 따라하면서 배운다. 이른바 모방학습이다. 남자들은 군대에서 훈련하면서 "이제부터 숙달된 조교의 시범이 있겠습니다"라는 말을 자주 듣는다. 행동을 배우고 익히는 데는 본보기를 보여주는 것만큼 좋은 방법이 없기 때문이다. 모방 즉 '따라하기'는 아주 훌륭한 행동학습법이다. 사회학습이론을 주창한 반두라(Albert Bandura)는 사람들은 다른 사람의 행동을 관찰함으로써 빨리 학습한다고 했다. 그러면서 어떤 행동에 대해 본을 보여줌으로써 사람들이 그 행동을 하도록 만들 수 있다고 주장했다.

신앙의 생활교육에도 이런 모형의 원리는 중요하다. 특히 신앙의 외연에 해당하는 헌신과 섬김의 삶은 본보기가 되는 사람을 보고 따라함으로써 배운다. 성경은 따라하는 것이 신앙생활에 필요함을 강조하고 있다. "그러므로 사랑을 받는 자녀 같이 너희는 하나님을 본받는 자가 되고"(엡 5:1).

그리스도를 본받아 따라하면서 모방의 중요성을 깨달은 바울은 과감하게 "나를 본받는 자가 되라"라고 했다. "내가 그리스도를 본받는 자가 된 것 같이 너희는 나를 본받는 자가 되라"(고전 11:1, 4:16). 예수님도 제자들을 가르치실 때, 직접 본을 보이셨다. 기도하는 본, 섬기는 본, 가르치는 본, 치유하는 본을 보이면서 가르치셨다.

토마스 아 켐피스는 「그리스도를 본받아(Imitation of Christ)」에서 그리스도를 닮아가는 모방의 삶을 설파한다. 예수 그리스도를 닮아가는 삶이야말로 그리스도인의 과제이며 삶이다. 그리스도인이 된다는 것은 그리스도를 닮아간다는 것이다. 이는 우리가 신앙생활을 하는 동안 늘 힘쓰고, 평생에 걸쳐 힘써야 할 일이다. 이런 모형의 원리를 수도원의 교육에서 쉽게 찾아볼 수 있다.

모형의 원리에서 중요한 것은 어떤 본보기를 보여주느냐 하는 것이다. 신앙교육에서는 예수님을 신앙의 본보기로 삼는다. 그 외에도 성경에 등장하는 인물들-아브라함, 이삭, 요셉, 모세, 다윗, 바울-을 본으로 삼기도 한다. 또한 교회 역사 속 본받을 만한 인물들을 찾아 본보기로 삼을 수 있다. 교회교육은 이런 좋은 본보기들을 찾아

제시하는 것이 필요하다. 본이 되는 사람과 함께 살면서 배우는 것이 이상적이지만 그것이 어려울 때는 본보기가 될 만한 인물들을 뽑아 배울 수 있다.

7) 훈련의 원리

신앙생활에는 훈련이 필요하다. 그럼에도 신앙교육에서 그동안 '훈련'이라는 단어를 사용하는 것은 은근히 거부감을 가져왔다. 사람은 짐승과 달리 훈련의 대상이 아니라는 생각에서다. 하지만 사람이 훈련의 대상이 아닐지라도 사람이 살아가는 삶은 훈련이 필요하다. 훈련 없는 삶은 발전이 없다. 신앙 역시 그렇다. 신앙은 훈련할 수 없다. 신앙은 훈련으로 얻는 것이 아니다. 하나님의 은혜로 주어지는 것이다. 하지만 신앙생활은 훈련이 필요하다.

신앙의 외연은 훈련을 통해 성장하고 성숙한다. "제자는 태어나는 것이 아니라 만들어지는 것이다"라고 했다. 여기서 만든다는 말의 의미는 훈련한다는 뜻이다. 훈련 없는 신앙은 나약하다. 훈련 없는 군인이 자기 자신을 지켜내지 못하듯, 훈련 없는 신앙은 나약하고 무기력할 수밖에 없다. 그래서 성경은 "경건에 이르도록 네 자신을 연단하라"(딤전 4:7)라고 했다.

연단은 지속적이고 꾸준한 훈련을 의미한다. 10,000일 동안의 연습을 연(鍊), 1,000일 동안의 연습을 단(鍛)이라 한다. 하나님께 헌신된 생활, 사람을 섬기는 생활을 위해서는 지속적이고 반복적인 훈련이 필요하다. 훈련 없이 생활을 바꾸는 것은 쉽지 않다. "구습을 따르는 옛 사람을 벗어"(엡 4:22)버려야 한다. 그래야 변화된 새 사람이 될 수 있다.

옛 습관을 버리고 새 습관을 입어야 한다. 생활의 변화는 습관의 변화와 맞닿아 있다. 습관을 바꾸는 일은 쉽지 않다. 일반적인 생활의 습관을 고치는 것도 힘이 든다. 늦게 일어나던 사람이 일찍 일어나기 위해서는 일정기간 집중해 반복해서 훈련하며 노력해야 한다. 그래야 바뀌는 것이 습관이다. 훈련 없이 습관은 만들어지지 않는다. 직접 실천해보면서 성취감도 맛보고 주위 사람들로부터 격려도 듣고 때로는 지적도 받으면서 노력해야 되는 일이다. 습관은 훈련을 통해 만들어진다.

신앙생활도 마찬가지다. 영적 생활을 위한 훈련, 거룩한 습관을 위한 훈련이 필요하다. 그냥 훈련만으로 되는 것이 아니다. 영적인 생활습관을 만드는 일은 일반적인 생활습관을 만드는 것보다 훨씬 더 어렵다. 영적인 생활습관은 육신적인 습관에서 신앙적인 습관으로, 인본적인 습관에서 하나님 중심의 습관으로 고치고 바꾸는 것이다. 이는 본성과의 싸움이요, 영적인 싸움이다. 따라서 사람의 의지만으로 훈련할 수 있는 것이 아니다. 성령님의 도움이 필요하다. 성령님의 도움 없이 거룩한 습관을 훈련하는 것은 불가능하다. 따라서 영적 습관 훈련은 하나님의 은혜를 의지하는 기도와 거룩한 삶을 살겠다는 결연한 의지가 결합되어야 가능한 일이다.

지금 우리에게 필요한 것은 영적인 생활, 거룩한 습관을 만들기 위해 훈련이 필요하다는 사실을 인식하는 것이다. 말씀대로 살고, 믿음으로 살도록 하기 위해서는 습관교육, 습관훈련이 필요하다. 필자가 셀프리더십 훈련 프로그램을 개발한 것도 훈련의 필요성을 절감했기 때문이다. 셀프리더십 훈련은 습관훈련이다. 성령님의 도움을 받아 스스로 믿음의 실천을 하도록 신앙적인 삶의 스타일(style)을 잡아주는 훈련이다.

영성훈련에서는 이미 오래전부터 훈련을 중요한 원리로 사용해왔다. 리차드 포스터나 달라스 윌라드처럼 우리에게 잘 알려진 영성가들은 모두 훈련의 중요성을 강조하고 있다. 훈련이라는 개념을 신앙교육에 적용한 학자로는 제임스 파울러를 들 수 있다. 파울러는 신앙교육의 방법으로 케리그마, 레이뚜르기아, 코이노니아, 디아코니아, 그리고 파이데이아를 제시한다. '디다케' 대신 '파이데이아'를 소개하면서 '파이데이아'에 교수와 함께 훈련을 포함시키고 있다. 이는 보다 더 효과적인 기독교교육을 위한 균형 있는 제안으로 사료된다.

8) 참여의 원리

참여는 신앙성장에 꼭 필요한 필수코스다. 참여하지 않고 혼자 있으면 믿음이 자랄 수 없다. 사람은 참여함으로써 배운다. 참여는 훌륭한 배움의 원리다. 신앙성장에도 참여는 꼭 필요하다. 그래서 교회에 새로운 가족이 등록하면 교회에 대해 안내하면서 해당되는 모임에 참여할 것을 권한다. 참여함으로써 믿음이 자랄 수 있기 때문이다. 이러한 참여의 원리는 경험의 원리와 혼동을 일으킬 수 있다. '경험하는 것이 참여하는 것이고 참여하는 것이 곧 경험하는 것이 아닌가' 하는 생각 때문이다. 하지만 경험의 원리와 참여의 원리에는 차이가 있다.

경험은 개인적이다. 하지만 참여는 공동체적이다. 경험은 혼자서 할 수 있다. 하지만 참여한다는 것은 곧 공동체에 참여하는 것을 가리킨다. 경험은 주관적이지만 참여는 상대적이다. 경험은 오감을 통해 이루어진다. 따라서 경험은 개인적인 동시에 주관적이다. 하지만 참여는 오감을 통해 이루어지지만 공동체적이며 상대적이다.

신앙의 성장에는 참여가 필수적이다. 신앙이 갖는 속성이 공동체적이기 때문이다. 신앙은 공동체적이다. 참여는 바로 이 공동체적인 경험을 의미한다. 믿음은 공동체의 모든 활동에 참여함으로 자란다. 함께 예배를 드리고 성경공부에 참여하고 기도회에도 참여하고 봉사활동도 참여한다. 친교 사역도 한다. 예배 순서를 맡아 참여하고 주차봉사도 참여하고 소그룹, 구역, 셀 등에도 참여한다. 성도들과 더불어 운동도 하고, 식탁 교제도 나누고, 애경사에도 참여한다.

교회에 적을 두고 주일예배에 참석하지만 예배만 드리고 다른 모임이나 활동에 참여하지 않는 경우, 믿음이 잘 자라지 않는다. 성도는 참여하면서 인격적인 만남을 경험하기도 하고, 자극과 도전을 받기도 하고, 본받을 만한 신앙생활의 모델을 찾을 수도 있다.

그럼에도 참여가 어려운 것은 참여함으로 상처를 받을 수 있기 때문이다. 비록 믿음의 사람이라고 하지만 아직은 충분히 성숙하지 못하고 성화 중에 있다. 말에 실수가 많고, 행동에도 이런저런 실수가 많다. 이런 실수들이 서로를 힘들게 하고 다치게 한다. 이런 마찰이나 상처받는 것이 싫어서 참여하기를 부담스러워한다. 그러나 사람들과 부딪히는 것이 싫어 참여하지 않는다면 믿음은 자라지 않는다. 혼자 외톨이가 되어 자기만의 고고한 성에 갇혀 '자기의(self-righteousness)'만 쌓아갈 뿐이다.

자기의는 무서운 것이다. 자기만 의롭다는 환상에 빠져 있는 상태이기 때문이다. 이런 믿음은 건강하지 못할 뿐 아니라 위험하기도 하다. 믿음은 사람들과 부대끼면서 자란다. 공동체의 다양한 활동에 참여하면서 자란다. 따라서 교육을 이끌어가는 목회자나 교사들은 성도(학생)들로 하여금 참여하도록 격려해야 한다. 즐겁게 참여할 수 있는 환경을 만들어주어야 한다. 쉬우면서 어려운 방법은 함께 노는 것이다.

신학대학에서 강의하면서 학생들에게 '아이들과 잘 노는 법'에 대한 보고서를 작성하도록 한 적이 있다. '놀이'는 아주 훌륭한 교육방법이다. 기독교교육을 지혜교육으로 설파한 멜처트(C. F. Melchert)는 '놀이와 놀림'을 지혜교육을 위한 중요한 방법으로 제시하고 있다. 어린이나 청소년을 지도하는 사역자들에게 그들과 잘 놀아주라고 주문하고 싶다. 자라는 세대뿐 아니라 어른들과도 마찬가지다. 놀이의 기회를 만들고 그 놀이에 참여하도록 하는 것이다.

헌터(D. R. Hunter)는 '무관심(detachment)'과 대비되는 것으로 '참여 (engagement)'를 기독교교육의 중요한 원리로 소개했다. 존 웨스트호 프나 엘리스 넬슨같이 신앙교육을 사회화 또는 문화화로 이해하는 학자들은 참여나 경험을 강조한다. 기독교교육을 '몫을 나누어 참여 하는 교육'으로 정의하는 토마스 그룹은 앎 중에서도 실천적인 앎을 강조하며 이를 위해 '몫을 나누어 참여'하는 것을 중요하게 다루었다.

더 나은 미래를 향하여

기독교교육은 성경의 역사와 함께한다. 루이스 쉐릴은 기독교교육이 구약 시대 히브리인의 교육에서부터 시작되었다고 보았다. 전적으로 옳은 이야기다. 기독교교육은 성경의 역사만큼 장구하다. 앞으로도 기독교교육의 역사는 교회의 역사와 함께 계속될 것이다. 하지만 중요한 것은 오랜 역사도, 오랫동안 지속될 역사도 아니다. 기독교교육이 주어진 시대에 주어진 소임을 충실히 감당해내느냐 그렇지 못하느냐 하는 것이 중요하다.

지금 한국교회는 여러 가지 면에서 위기를 맞고 있다. 기독교교육도 위기를 맞고 있다. 이 시대의 기독교교육에 주어진 책무를 감당하기 위해 마음을 가다듬고 겸손하게 무릎을 꿇어 하나님의 지혜를 구해야 할 때다. 시대와 문화를 읽고, 변화의 흐름을 읽어내는 혜안이 필요하다. 세상이 광속으로 변해가는 시대이므로 변화를 따라가는 것으로는 부족하다. 변화를 예측하고 대비해야 한다. 미래에 대한 연구, 미래의 기독교교육에 대한 연구가 병행되어야 한다.

오늘날은 현재와 미래가 공존한다. 과거, 현재, 미래로 구분되는 시대는 지났다. 미래는 이미 현재 속에 진행되고 있다. 미래를 예측하면서 지금 우리가 몸담고 있는 시대를 읽어야 한다. 그리고 이 시대에 적절한 교육의 원리와 내용, 방법을 찾기 위한 각고의 연구와 개발 노력이 절실하다.

기독교교육을 위해 수고하고 있는 모든 사람이 각자의 위치에서 그 책무를 무겁게 인식하고 수고를 아끼지 않아야 할 때다. 교육현장에서 뛰고 있는 교사는 교사대로, 교단에서 정책을 입안하고 교재를 개발하는 전문가들은 그 위치에서, 신학대학에서 기독교교육을 가르치는 교수는 교수의 자리에서, 연구소에서 연구와 개발을 위해 수고하는 이들은 그 자리에서, 목회현장에서 교육적 안목으로 목양에 힘쓰는 교육목회자는 교육목회의 현장에서 기독교교육의 부흥을 위해 노력해야 할 때다. 그리고 서로의 경험과 연구를 결합하고 연대해야 한다.

우리는 앞에서 교육이 변화를 일으키는 활동임을 살펴보았다. 그리고 기독교교육이 무엇이며 어떤 과정을 통해 변화를 일으킬 수 있는지를 살펴보았다. 기독교교육은 신앙을 갖도록 변화를 일으키는 활동이다. 그리고 효과적인 신앙교육을 위해 신앙이 무엇인지, 신앙을 구성하는 요소에는 어떤 것이 있는지를 알아보았다. 신앙교육을 위한 변화이론을 정리해보기도 했다. 그리고 변화를 일으키기 위한 신앙교육방법의 일반적인 원리에 대해 살펴보았다.

여러모로 부족함이 많다는 것을 알면서도 겁없이 이렇게 책으로 내어놓는 것은 신앙교육에 대한 열심 때문이다. 세상을 감동시키고 변화시키며, 세상의 존경을 받는 신앙인들이 더 많이 나오기를 바라는 마음 때문이다. 교회를 다니는 사람이 아니라 예수 그리스도를 믿는 사람이 더 많아지길 바라기 때문이다.

그러기 위해서는 신앙에 대한 바른 교육이 필요하고, 신앙을 위한 교육을 위해서는 신앙이 무엇인지 바르게 알아야 한다. 신앙이 무엇인지, 신앙은 무엇으로 구성되는지, 신앙에 대해 구체적으로 고민하며 답을 찾아가야 한다. 이런 고민 없이 "잘 믿읍시다!" "주여, 믿습니다" "믿음으로 삽시다"라고 하는 것은 총론만 있고 각론이 없는 교육이다. 총론만 있는 교육은 구체적인 변화를 이루어내기 어렵다. 각론이 없는 교육은 섬세함이 없고 디테일이 없는 교육이 된다.

이런 고민들을 조심스러운 마음으로 내어놓는다. 이 글이 건강하고 바른 신앙을 찾아가기 위한 거룩한 노력의 도화선이 되길 바란다.

이 글을 쓸 때, 처음 계획은 신앙교육과 교수를 위한 실제적인 방법들을 함께 묶으려는 것이었다. 하지만 원고를 정리하면서 시간적으로나 분량 면으로나 한 권으로 묶기에는 무리라는 생각이 들어 두 권으로 나누게 되었다. 이제 다음 권에 이어서 신앙교육을 위한 구체적인 방법과 그 방법의 실제에 관해 소개하고자 한다. 이렇게 미리 실제 방법에 대한 책을 예고하는 것은 스스로를 채근하기 위한 일종의 압박 장치다. 목회하면서 책을 쓴다는 것이 쉽지 않은데, 이렇게 공개적으로 알려놓으면 스스로를 채찍질할 수 있기 때문이다.

교육이 살아남으로써 신앙교육이 살아나고, 신앙교육이 살아남으로 건강한 신앙이 회복되기를 소망한다. 그래서 사랑하는 한국교회가 세상을 향해 거룩한 빛을 비추며, 영광스러움을 회복하길 소망한다. 이를 위해 먼저 우리가 섬기는 신앙교육의 현장에 하나님이 일으키시는 교육의 부흥이 일어나길 소망한다.

관련 도서 소개 ||||||||||||||||||||||||||||||||||||||||||||||||||||||||||||||||||||||||||||||||||||||||||||||||||||||||||||

고용수, 「만남의 기독교교육 사상」, 서울 : 장신대출판부, 1994.

고용수 외, 「기독교교육개론」, 서울 : 장신대 기독교교육연구원, 2010.

김도일, 「교육인가, 신앙공동체인가?」, 서울 : 한국장로교출판사, 1998.

김형태, 「목회적 교육」, 서울 : 한국장로교출판사, 2003.

박봉수, 「교육목회의 이해」, 서울 : 에듀민, 2004.

박봉수, 「교회의 성인교육」, 서울 : 한국장로교출판사, 1999.

박상진, 「기독교교육과정탐구」, 서울 : 장신대출판부, 2004.

반피득, 「기독교교육」, 서울 : 한국기독교교육학회, 1975.

손원영, 「기독교교육의 재개념화」, 서울 : 대한기독교서회, 2002.

송인설, 「영성의 12단계」, 서울 : 겨자씨, 2008.

양금희, 「이야기 · 예술 · 기독교교육」, 서울 : 장로회신학대학교 출판부, 2010.

옥한흠, 「다시 쓰는 평신도를 깨운다」, 서울 : 국제제자훈련원, 2002.

유해룡, 「하나님 체험과 영성수련」, 서울 : 장로회신학대학교 출판부, 1999.

이지성, 「리딩으로 리드하라」, 서울 : 문학동네, 2011.

원동연, 「5차원전면교육학습법」, 서울 : 김영사, 2008.

원동연, 「달란트 교육혁명」, 서울 : 두란노, 2009.

정정미 외, 「현대기독교교육 입문」, 서울 : 도서출판 혜본, 2001.

폴 정, 「코칭설명서」, 서울 : 아시아코치센터, 2009.

황농문, 「몰입」, 서울 : 랜덤하우스, 2008.

황농문, 「몰입 – 두번째 이야기」, 서울 : 랜덤하우스. 2011.

S. 안드레아스, C. 폴크너, 윤영화, 「NLP, 무한 성취의 법칙」, 서울 : 김영사, 2003.

M. C. 보이스 편, 김도일, 「제자직과 시민직을 위한 교육」, 서울 : 한장사, 1999.

마르틴 부버, 김천배, 「나와 너」, 서울 : 대한기독교서회, 2000.

에밀 부룬너, 박만, 「우리의 신앙」, 서울 : 나눔사, 1989.

헨리 & 리처드 블랙커비, 윤종석, 「하나님 음성에 응답하는 삶」, 서울 : 두란노, 2003.

윌리엄 더건, 윤미나, 「제7의 감각 – 전략적 직관」, 서울 : 비즈니스맵, 2010.

제네트 바크, 최승기, 「거룩한 초대 – 영적 지도」, 서울 : 은성, 2007.

제임스 파울러, 사미자, 「신앙의 발달단계」, 서울 : 대한예수교장로회총회출판국, 1987.

제임스 파울러, 박봉수, 「변화하는 시대를 위한 기독교교육」, 서울 : 한국장로교출판사, 1996.

리차드 포스터, 권달천, 황을호, 「영적훈련과 성장」, 서울 : 생명의말씀사, 2009.

하워드 가드너, 문용린, 유경재, 「다중지능」, 서울 : 웅진지식하우스, 2007.

토마스 그룸, 이기문, 「기독교적 종교교육」, 서울 : 대한예수교 장로회총회교육부, 1983.

M. C. 해리스, 고용수, 「교육목회 커리큐럼」, 서울 : 한국장로교출판사, 1997.

M. C. 해리스, 김도일, 「가르침과 종교적 상상력」, 서울 : 한장사, 2003.

D. R. 헌터, 엄문용, 「신학과 교육과의 만남」, 서울 : 대한기독교서회, 1983.

칩 & 댄 히스, 안진환, 「스위치」, 서울 : 웅진지식하우스, 2010.

제임스 E. 로더, 이기춘, 김성민, 「삶이 변형되는 순간」, 서울 : 한국신학연구소, 1988.

J. E. 로더, 이규민, 「성령의 관계적 논리와 기독교교육 인식론」, 서울 : 대한기독교서회, 2009.

제임스 E. 로더, 유명복, 「신학적 관점에서 본 인간발달」, 서울 : 기독교문서선교회, 2006.

고든 맥도날드, 홍화옥, 「내면세계의 질서와 영적 성장」, 서울 : IVP, 1996.

사라 리틀, 사미자, 「기독교교육교수방법론」, 서울 : 대한예수교장로회출판국, 1991.

마이클 르고, 임옥희, 「싱크」, 서울 : 리더스북, 2007.

도날드 W. 맥컬로우, 박소영, 「하찮아진 하나님」, 서울 : 대한기독교서회, 1996.

찰스 F. 멜처트, 송남순, 김도일, 「지혜를 위한 교육」, 서울 : 한국장로교출판사, 2002.

엘리스 넬슨, 박원호, 「신앙교육의 터전」, 서울 : 한장사, 1998.

엘리스 넬슨, 김득렬, 「회중들」, 서울 : 한장사, 1996.

리차드 아스머, 장신건, 「교육목회의 새로운 패러다임」, 서울 : 대한기독교서회, 2007.

리차드 오스머, 사미자, 「신앙교육을 위한 교수방법」, 서울 : 한국장로교출판사, 2003.

조셉 오코너, 설기문, 「NLP 입문」, 서울 : 학지사, 2010.

조셉 오코너, 이안 맥더모트, 설기문, 「NLP의 원리」, 서울 : 학지사, 2010.

존 파이퍼, 박대영, 「하나님을 기뻐하라」, 서울 : 생명의말씀사, 2009.

존 파이퍼, 전의우, 「형제들이여, 우리는 전문 직업인이 아닙니다」, 서울 : 좋은씨앗, 2008.

존 파이퍼, 전의우, 「존 파이퍼의 생각하라」, 서울 : IVP, 2011.

파커 팔머, 이종태, 「가르침과 배움의 영성」, 서울 : IVP, 2006.

리처드 V. 피스, 김태곤, 「신약이 말하는 회심」, 서울 : 좋은씨앗, 2001.

앤더니 라빈스, 이우성, 「네 안에 잠든 거인을 깨워라」, 서울 : 씨앗을 뿌리는 사람, 2002.

트리시아 M. 로즈, 최규택, 「거룩한 혼돈」, 서울 : 그루터기하우스, 2009.

말콤 글래드웰, 이무열, 「블링크」, 서울 : 21세기북스, 2005.

M. 스캇 펙, 신승철, 이종만, 「아직도 가야 할 길」, 부산 : 열음사, 2000.

M. 스캇 펙, 채천석, 「묵상여행」, 서울 : 그루터기하우스, 2010.

G. M. 쉐레어, 채위, 「신학과 기독교교육」, 서울 : 대한기독교교육협회, 1970.

루이스 쉐릴, 김재은, 장기옥, 「만남의 기독교교육」, 서울 : 대한기독교출판사, 1981.

루이스 쉐릴, 정웅섭, 「만남의 종교심리학」, 서울 : 전망사, 1981.

루이스 쉐릴, 이숙종, 「기독교교육의 발생」, 서울 : 대한기독교서회, 1994.

존 H. 웨스트호프 Ⅲ, 정웅섭, 「교회의 신앙교육」, 서울 : 대한기독교교육협회, 1990.

존 H. 웨스트호프 Ⅲ, 홍철화, 「내적 성장과 외적 변화」, 서울 : 대한기독교출판사, 1984.

존 H. 웨스트호프 Ⅲ 편, 김재은, 「기독교교육논총」, 서울 : 대한기독교출판사, 1978.

존 H. 웨스트호프 Ⅲ, 윌리암 H. 윌리모, 「교회의 의식과 교육」, 서울 : 베드로 서원, 1992.

달라스 윌라드, 엄성옥, 「영성훈련」, 서울 : 은성, 1993.

달라스 윌라드, 윤종석, 「마음의 혁신」, 서울 : 복있는 사람, 2003.

달라스 윌라드, 랜디 프래지, 최요한, 「마음의 혁신」, 서울 : 복있는 사람, 2006.